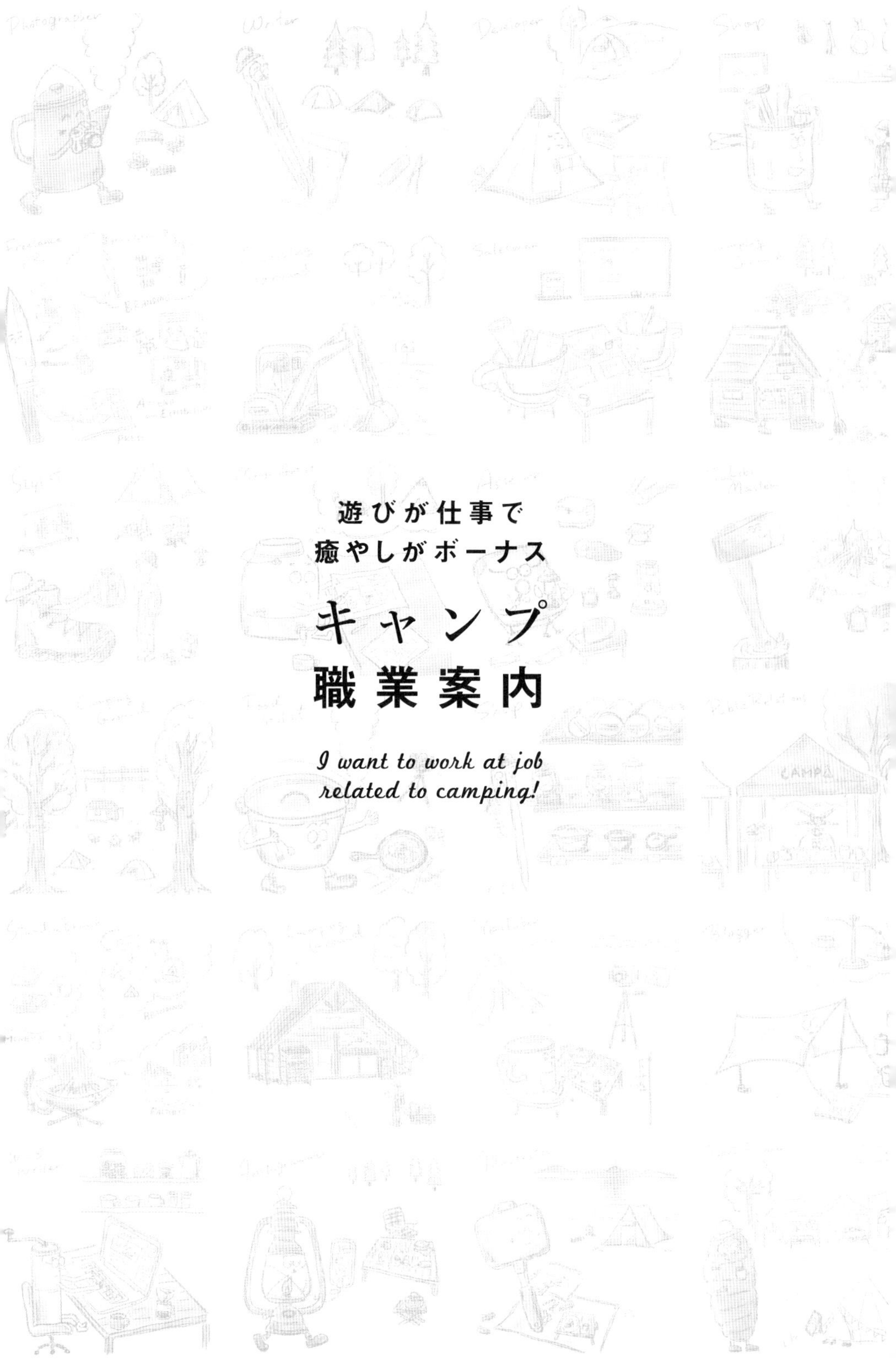

遊びが仕事で
癒やしがボーナス

キャンプ職業案内

I want to work at job related to camping!

はじめに

テントを設営して、お気に入りのギアを使う。

満天の星の下、焚き火をしながら野外料理を楽しむ。

翌朝、目を覚ますと雲ひとつない空。気持ちのいい風が吹いている。

「あぁ、このままキャンプ場に居続けたい。なんならキャンプを仕事にできたらいいのになぁ」。


『キャンプ職業案内』というタイトルのこの本を手に取ったあなたなら、一度はそんな空想をしたことがあるのではないでしょうか？

本書は、キャンプに関連する職業とその第一線で活躍する人たちを紹介する一冊です。キャンプ用品メーカーの社員やアウトドア専門店のスタッフ、キャンプ場のオーナー、クリエイターなど、キャンプにまつわる仕事をしている人たち総勢30名以上にインタビュー取材を行いました。キャンプに関連する仕事にはどんな職種があるのか？　なぜその仕事をしていて、どこにやりがいを感じるのか？　フリーランス、会社員、副業という働き方や雇用形態を問わず、キャンプを仕事にする人たちのリアルな業務内容と、その仕事にかける思いに迫りました。

申し遅れました。著者の佐久間亮介です。幸運にも、僕もキャンプを仕事にすることが〝できた〟ひとりです。遡ることおよそ7年前の２０１４年３月23日。僕は「大好きなキャンプを仕事にしたい」と思い立ち、会社員を辞めて日本一周キャンプの旅に出ました。その日から、キャンプを仕事にするための挑戦が始まり、時にキャンプ場でアルバイトをしながら、その夢の実現に向けてがむしゃらに走り続けてきました。

それから時が経ち、今は念願叶って、ライターやキャンプシーンのコーディネーター、テントのデザイン、モデル、キャンプイベントの企画など、キャンプにまつわる仕事で生計を立てられるようになり、ついにはこの本を出版する機会を得ました。

そんな僕だからこそ伝えたい、キャンプを仕事にすることの魅力と面白さ。それらは、キャンプ業界に転職する、しないにかかわらず、キャンパーであれば知っていて損はないものです。それどころか、いつも自分が使っているギアやフィールド、キャンプの情報を得ているメディアなどが、誰の、どんな思いによって作られているのかや、その仕事の裏側も知ることができるので、この本を読み終えた頃には、よく行くキャンプ場の景色が違うものに見えたり、キャンプ雑誌を読む視点が変わったりするかもしれません。そんなことを、この本を執筆する中で感じました。

ぜひ、キャンプ場で自然や焚き火を前にチェアに腰掛けながら、あるいはハンモックに揺られながら、本書を読み進めてみてください。

「大好きなキャンプを仕事にできたらいいなぁ」と夢見るあなたを、その夢を実現している人たちの元へとご案内します。

佐久間亮介
Ryosuke Sakuma

遊びが仕事で癒やしがボーナス

キャンプ職業案内

I want to work at job related to camping!

CONTENTS

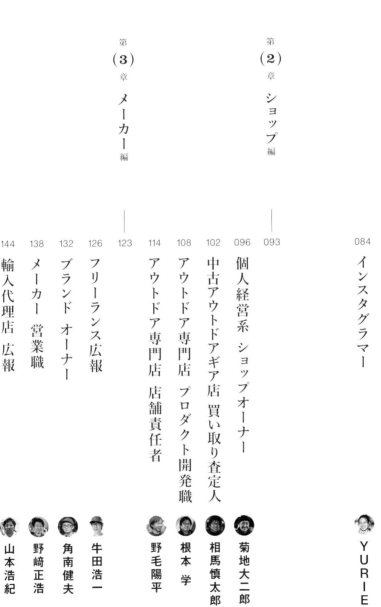

遊びが仕事で
癒やしがボーナス
キャンプ
職業案内

I want to work at job related to camping!

第(1)章

クリエイター編

Symbolic Person

№001
|
№013

第(1)章
クリエイター編

クリエイティブな思考やスキルとキャンプとの相性は抜群だ。
想像力や演出力、そして何かを作り上げる技術は、
キャンプカルチャーを盛り上げるためには不可欠な要素。
実際、フォトグラファーやスタイリスト、ライター、
YouTuberといった様々なジャンルの
クリエイターが、すでにキャンプの現場で活躍している。
彼らはメディアやイベントを通じ、キャンプの醍醐味を
広く発信するだけでなく、時に新たなトレンドを
キャンプの世界に持ち込んだりもしている。
では、そんなキャンプ関連のクリエイターの仲間入りを果たし、
定期的に安定した収入を得て、生計を立てるには
どうすればよいのだろうか。
極論を言えば、フリーランスのクリエイターになるのは簡単だ。
名刺を作り「私はクリエイターです」と名乗れば、
誰だってその肩書きを手に入れることはできる。

ただ、それで「食っていける」かどうかはまったくの別問題。
どんなジャンルであれ、クリエイターとして独り立ちするには
アマチュアとは一線を画すハイレベルな技量は必須。
そのうえで、あなたを雇ってくれる人や支持してくれる人を
ひとりでも多く見つけなければならない。
過去や現在の職業経験を生かせる仕事もあるが、
場合によっては修業期間や資格が必要なものもある。
いずれにせよ「商品」と呼べるスキルを身に付け、
経験と実績を積み上げていくことが先決だ。
最初のうちは小さい一歩の積み重ねかもしれないが、
活動が軌道に乗り始めれば、出会いや仲間も増えていき
いつしか、見える世界は加速度的に広がっていくはず。
クリエイターは一日にしてならず、だ。

Work's File No 001

焚き火インストラクター

スペシャリストとして、焚き火の価値を最大化

Data

年収（業界相場）：※本書調べ

0〜200万円

主な取引先：

出版社／テレビ局／キャンプ場／自治体／各種クリエイター など

生かせる経験：

土木業／建設業／サービス業／イベント業など

おもな仕事内容

『焚き火の魅力を伝える、「焚き火」に特化した職業。焚き火に関する記事やテレビ番組の監修・協力のほか、メーカーの焚き火台開発のアドバイスなどを行う。焚き火フィールドの管理や焚き火ワークショップなどを通じて、焚き火文化を世に広める役割も担う。』

焚き火好きに特化したネットワークの構築を

焚き火インストラクターとしての職業を成立させるには、フィールド、焚き火ノウハウ、人脈構築など、複合的な要素が必要になってくる。「焚き火」を価値に変えて収益を上げるためには、焚き火ができる場所・空間と人脈による集客が必須と言える。

Analysis 必要な資質・技量

- ☑ 炎に対する追求心と探究心
- ☑ 高いコミュニケーション能力
- ☑ メディア関係者とのコネクション
- ☑ 樹木に関する知識

Symbolic Person

No 001

焚き火インストラクター

猪野正哉さんに詳しく聞いてきた！

Profile

自ら「焚き火マイスター」と名乗り、千葉県にある焚き火フィールド「たき火ヴィレッジ〈いの〉」を管理、運営。テレビ番組の『石橋、薪をくべる』で焚き火監修を務める。焚き火インストラクターとしての活動に加えて、モデルやライターとしての顔も持つ。著書『焚き火の本』（山と溪谷社）を2020年9月に上梓。

「なんとなく」から始まった、焚き火を囲む仕事

――「焚き火マイスター」って猪野さんしか名乗ってない（名乗れない？）肩書きだと思いますが、そもそも猪野さんがアウトドアに入ったきっかけは登山ですよね？

猪野　もともとは山のルポライターをやっていたんだけど、山の雑誌も1年中、山の特集ばかりやっているわけじゃないからね。冬の焚き火特集の撮影でここ（たき火ヴィレッジ〈いの〉）を使っていて、俺は火おこし担当だった。それで仕事仲間に肩書きを付けようよって言わ

猪野さんの焚き火道具が入ったボックス。方法や道具にこだわるのではなく、着火はスムーズに。

れて名乗ったのが「焚き火マイスター」。今から5年くらい前かな。

――今のキャンプブームが起こる少し前ですね。焚き火マイスターでメシが食えるって思ったのは、いつ頃から?

猪野　いや、まったく感じてないよ。だって、焚き火をしているだけで、別に新しいことはしてないから。

――本当ですか。本も執筆されているのに?

猪野　前々から名刺代わりの本はあったほうがいいとは言われてたけどね。でも、肩書きって邪魔な面もあって、専門性を追求した結果、仕事の幅は狭まった気もする。

――そのバランスは難しいですよね。名乗らないと認知されない面があるのは事実だし。猪野さんは焚き火マイスターの仕事以外に、モデルやライターもやっていますけど、仕事や収入の割合ってどんな感じですか。

猪野　シーズンによって違うけど、モデル4、ライター3、焚き火マイスター3で、モデルが一番単価が高いかな。この業界の人はみんなそうかもしれないけど、うちらって肩書きがいっぱいあるじゃん。でもそれって1本で食えないから、そうなるのであって。頼まれればいろいろできちゃうけど、それが徐々に自分の首を絞めているかもしれないよね。今はいいけど、長い年月で見ると何かひとつに絞ったほうがいいと思うんだよね。

――結局、何してる人なの?ってなりますからね。

猪野　僕が焚き火の監修をしているテレビ番組で、お笑い第7世代の話になったんだけど、結局ひとりで出てこないやつはダメだよって話が出て。世代だからとかじゃなくて、個の力がないと生き残れない。

――おっしゃる通りですね。

猪野　それに、フリーランスほど怖いものないよなって。ボーナスも退職金もないし、保険も高いし。

――フリーランスに憧れる人も多いし、過去の自分もそういう側面がありましたけど、実際になってみるとこんなに不安定なのかって感じます。とにかく将来的な見通しが立ちにくい。でも猪野さんの場合はこの「たき火ヴィレッジ〈いの〉」があって、撮影の貸し出しとかも収入の柱になっていると思うんですけど、どういう経緯でここを運営することになったんですか？

猪野　5～6年前に編プロで仕事をしていた時に、そこの同僚に「猪野、土地があるんだったら焚き火とYouTubeやってみたら？」って言われたんだよね。それでここを作った。なんとなく整備して、なんとなく焚き火をして。

――なんとなくから始めて「焚き火マイスター」になり、それが仕事になっているのは驚きですね。

猪野　今までずっと人に言われた通りに生きてきたんだよ。モデルもライターも焚き火の仕事も。

――失礼かもしれませんが、猪野さんって素直ですよね。だから人が集まったり本が出せたりするんだろうな。自分なりの焚き火の流儀ってありますか？

猪野　こだわらないことが一番かな。こだわっちゃうと、全神経がそれに向かっていってストレスが溜まるから。「焚き火はなぜ魅力的なのか？」とかよく聞かれるけど、それに対して答えを出したりはしないようにしている。焚き火は感覚。実際に火をおこしてみれば、猪野の言っていたこともわかるな、ってなってくれるはず。わからなかったら教えるから、とりあえずやってみてって。

――猪野さんは本の中で、焚き火はコミュニケーションツールだって話もされていましたね。

猪野　焚き火って、お互いの目を見て話さなくていいんだよね。焚き火を見ていれば会話が成立する。

――焚き火を頂点にして、三角形みたいになりますよね。いつ、それに気付きましたか？

猪野　借金や仕事の問題をひとりで抱え込んでいた時に、父親から囲炉裏があるところに呼ばれて、そのことを話

さなければいけないタイミングがあったんだよね。その時、焚き火があったおかげで話すことができた。親の目を見ながらだと話せないような内容だったから。それと、以前LGBTで悩んでいる友人たちを招待したことがあったのね。そうしたら「私たちもキャンプしていいの?」って言われて、まずそこで驚いた。自分たちが当たり前に楽しんでいることでさえも距離を置いている人がいたりして、なおさら「たき火ヴィレッジ〈いの〉」に来てほしくて一緒に焚き火を囲んだ。炎を前に各々が心の内を明かしはじめて、結局悩みが解決したわけではなかったけど、みんなスッキリした顔で帰っていったのが印象的だった。そういう体験を通じて、焚き火ってすごいなって思ったし、焚き火は「コミュニケーションツール」なんだって感じたんだよね。

猪野さんのソロキャンプシーン。撮影時に使っていた焚き火台は、ムラコのサテライトファイアベース。

インタビューを終えて

焚き火を仕事にする人がこれから増えそうな予感

「焚き火マイスター」という肩書きは、猪野さんが周りの助言と、フィールドと人脈が繋がって築き上げられた。そのため職業としての再現性があるかというと、正直難しいかもしれない。でも「焚き火の仕事」と少し視点を広げてみると、焚き火をコミュニケーションツールや空間演出として、カフェや語り場を運営する人は全国に存在している。つまり、焚き火に関する仕事を成立させている人は他にもいるのだ。千葉県では条例の中に「焚き火」という言葉が記載されたそう。焚き火の仕事はまだまだ広がりそうだ。

Work's File №002

カメラマン

キャンプの名シーンを見事に切り取る

Data

年収(業界相場):※本書調べ

200〜500万円

主な取引先:

出版社／広告代理店／アウトドアメーカー など

生かせる経験:

カメラアシスタント／スタジオマン／映像制作業／広告業 など

Analysis **必要な資質・技量**

- ☑ 造形美へのこだわり
- ☑ 素敵な風景に感激できる感受性
- ☑ 写真に対する愛情
- ☑ タフな肉体

おもな仕事内容

『雑誌やWEBメディア、企業のカタログ、広告、書籍で使われる写真を撮影するのが、カメラマンの仕事。スタジオでのブツ撮りからキャンプシーン、風景写真だけでなく、まれにキャンプ場でのウェディング撮影などもある。近年は動画の撮影依頼も急増中。』

キャンプギアの特徴を知り見せ方を心得ておくこと

カメラマン自身がキャンパーで、風景やキャンプギアの見せ所に精通していると、クライアントが安心して仕事を発注しやすい。自前のキャンプギアを撮影用の小道具として提供できると現場で重宝されやすく、ほかのカメラマンとの差別化も図れる。

Symbolic Person

No 002

カメラマン 猪俣慎吾さんに詳しく聞いてきた！

Profile

7年間の撮影スタジオでのアシスタント期間を経て、2010年に独立。カメラマンという顔を持ちながら、自然の中で料理を楽しむアウトドアパーティー集団KIPPISを立ち上げたり、テントの中で100万個の星が楽しめるプラネタリウムテントを自作したりするなど、精力的に活動している。

見ただけで誰もが笑顔になれる写真を撮りたい

――いつも仕事でご一緒させて頂いている猪俣さんですが、撮影スタジオでのアシスタントを経て独立されたんですよね。キャンプを始めたきっかけはなんですか？

猪俣　キャンプをやっていたカメラの師匠に誘ってもらったのが始まり。初めて行った長野県の戸隠イースタンキャンプ場は、今でも忘れられないんだよね。キャンプ場はほぼ貸し切りで、イワナを釣って、焚き火をして。僕は東京生まれ東京育ちだったから、価値観がガラッと変わって、キャンプにすごく癒やされたんだよね。

——初めてのキャンプって、そのあともずっと記憶に残るからすごく大事ですよね。

猪俣　そこから一気にハマった。当時、給料から生活費を差し引いて余ったお金は、全部キャンプ道具につぎ込んだよ（笑）。アシスタント時代は、いわゆる昭和的な働き方でけっこう苦しくて。師匠は「見て覚えろ」というタイプだったし、まだ入りたての頃「猪俣、シャッターを押してみろ」って突然言われたりもしたし。

——え、いきなりですか？

猪俣　そう、「シャッターなんて誰でも押せる。大事なのは物の並べ方や光だ」って。「猪俣、物と対話しているか？」って問いかけられたこともあったな。厳しい人で、悔し涙を流したことも胃に穴が開いたこともあったけど、そこで勉強させてもらった下積みのおかげで今があるから、師匠にはとても感謝してる。

——そこから独立してフリーランスに。最初からキャンプの仕事をやりたいと思ってました？

猪俣　キャンプが好きだから、キャンプの仕事がしたいと思ってたよ。自分のキャンプサイトの写真を自分で撮って、それを作品としてアウトドア系の出版社に持ち込んだけど、30社回って1件取れるかどうかだったよね。

——フリーランスの厳しい現実ですね。

猪俣　最初に写真でお金をもらったのは『BE-PAL』への持ち込み写真だったんだけど、嬉しかったなぁ。独立当初は厳しかったし、アルバイトもしてた。独立して4～5年経って、縁あって自動車メーカー関連のキャンプの仕事をやらせてもらってから安定したかな。ただ、

猪俣さんは海外でのキャンプにも精通。こちらの写真はスコットランドでのキャンプシーンのひとコマ。

今でもリスクヘッジでアウトドア以外のブツ撮りや広告の仕事もやってる。そこはフリーランスとしてね。

――アウトドアは天気に左右されますしね。今からキャンプ業界で活躍したい人にアドバイスはありますか？

猪俣　自分自身がプレイヤー、つまりキャンパーじゃないと厳しいとは思う。キャンプ場で写真を撮って世界観を作ったり、キャンプのグッとくる瞬間を切り取ったり。僕は、スタジオの経験とキャンパーとしての経験の両方があったから、今の写真や仕事があると思ってる。

――それって自然光の見え方とかですか？

猪俣　感覚的な話になっちゃうけど、自然光もストロボも基本的には同じだから光の読み方が頭の中でできればカメラマンとしてやれるとは思う。でも自分でキャンプしていると、よりそういう光が見えてくるんだよね。

――依頼側としても、キャンプのよさをわかっている人に依頼したいと思いますよね。フリーランスでの仕事全般に共通する話ですが。それにアウトドアは、自然が相手だからコントロールできない部分も多い。それを知っ

て事前に準備できるかどうかってのも大事ですよね。

猪俣　昔、広告代理店の人に「提案できるカメラマンさんですか？」って聞かれて、ハッとしたことがあった。受け身でキャンプの経験や知識がないとキャンプの撮影で強みは出しにくい。だから自分自身もキャンパーのほうがいいと思うんだよ。それに僕は商業カメラマンでもあるけど、写真家、フォトグラファーっていう自負もあるから、表現者としてのキャンパーでもありたい。

——依頼を受けて撮影する商業カメラマンと、表現者としてのフォトグラファーということですか。フォトグラファーの猪俣さんはキャンプを通して、何を伝えているのでしょう？

猪俣　カッコつけるつもりはないけど、写真を見て「キャンプしてみたい」って思ってもらいたいし、野外にはいろんな景色があるんだよってことを伝えたい。キャンプギアや料理の写真もあるけど、それだけじゃない違った景色を見せてあげたいって気持ちがある。息子と行ったロケットが楽しめるキャンプ場での写真は、チェアとテーブルをちょっと置いて、二人がロケットを見上げているだけだし、隠岐の島の無人島で撮った夕日の写真もタープ泊だし。そうやってギアで飾りすぎない写真を、美しい景色と一緒に見せてあげたいと思っているよ。

──素敵ですね。

猪俣　友だちとの雰囲気のある焚き火の写真とかもいいよね。見ていて幸せで笑顔になるような、そんなキャンプの写真を撮っていきたい。

──猪俣さんはキャンプの写真を通して、誰かの笑顔を作っていたり、あるいは笑顔の瞬間を写真として残しているってことですね。

猪俣　そうだね。そんなことを追求したキャンプの写真集を出すことが、今の僕の目標だね。

島根県の沖合にある知夫里島から歩いて渡れる、無人島での１枚。息子さんと二人で、親子キャンプの旅。

インタビューを終えて

キャンプの美しい〝瞬間〟を歴史に刻んでほしい

インタビューの冒頭で猪俣さんは、実は報道カメラマンになりたかったと話した。歴史好きが高じて学生時代に戦場へと足を運んだというのだから、その行動力に驚く。なぜ報道カメラマンに憧れたのかというと、歴史的瞬間を写真として残す仕事をしたいと思ったから。それから紆余曲折を経てキャンプを得意とするカメラマンになった今。世界規模の歴史を残す立場ではなく、キャンパーの笑顔や自分の息子とのキャンプ旅の風景、人生の笑顔の瞬間を写真として残す仕事をしている。それも誰かの歴史を刻む仕事だと、僕は思う。

Work's File №003

イベントプロデューサー

ブランドの出展者を募ってイベントを遂行

Data

年収（業界相場）：※本書調べ

300〜600万円

主な取引先：

アウトドアメーカー／出版社／広告代理店／自治体 など

生かせる経験：

イベント業／広告業／出版業／サービス業 など

Analysis　必要な資質・技量

- 能動的な行動力
- 他人に任せられる適度な図太さ
- チャレンジスピリット

おもな仕事内容

『イベントプロデューサーの仕事は、イベント会場の調整に始まり、出展者の募集や警備手配、イベントのPR告知、取材対応、レイアウト調整、出展者のコンテンツの確認、施工業者との打ち合わせなど多岐にわたる。関係者との調整と決断の連続。』

メーカーを呼び込むためのネットワーク作りが先決

イベントプロデューサーとして求められる資質は出展ブランドとのネットワークを常に大切にしているかどうかだ。出展者が多数集まれば、ユーザーの集客も見込め、イベントが成立する。他にもイベントの告知協力が期待できるメディアとの関係値も必要。

Symbolic Person

No 003

Profile

アウトドアデイジャパン実行委員会委員長。2002年より11年間、アウトドア雑誌『ガルヴィ』の編集長を務めた後、独立。ギアを見て、触って、体感できる国内最大級のアウトドアイベント『アウトドアデイジャパン』の実行委員長に就任。地方でのイベント開催時は、終了後に各会場周辺地域でアウトドアをたしなむ。

イベントプロデューサー

沖田雅生さんに詳しく聞いてきた！

雑誌を作るように、イベントの「レイアウト」を決める

――毎年4月に東京の代々木公園で開催される国内最大規模のアウトドアイベント『アウトドアデイジャパン』に足を運ぶと、シーズンの始まりを感じます。沖田さんは前身のイベントを引き継いだ形でこのイベントをプロデュースされていますよね。まずは、引き継いだ経緯やイベントそのものについて教えてください。

沖田　一般社団法人日本オートキャンプ協会が2001

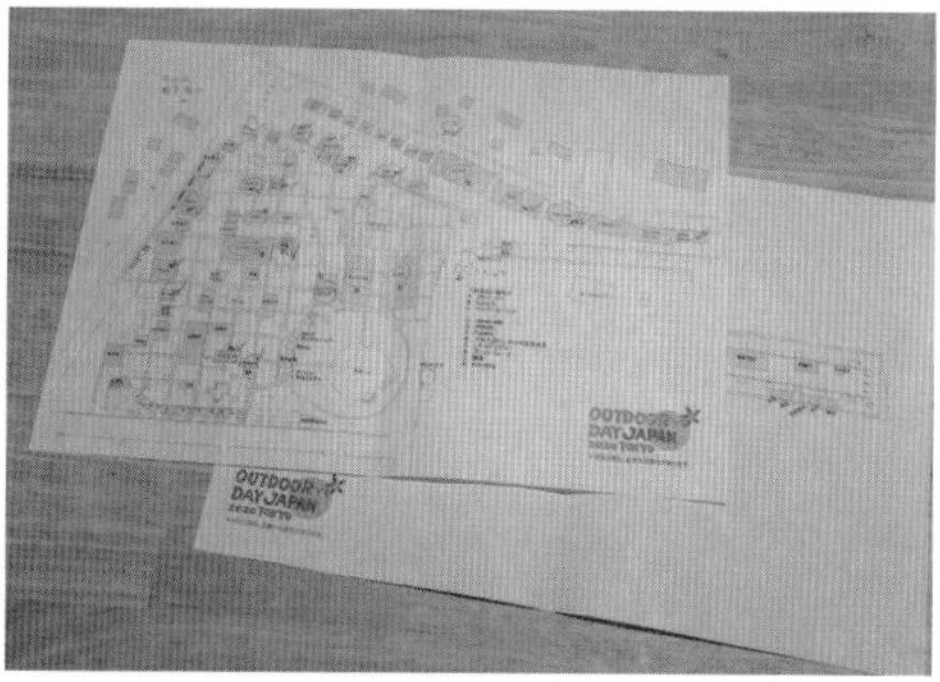

沖田さんのこだわりが詰まった『アウトドアデイジャパン東京2020（残念ながら中止）』のレイアウト図。

年からやっていた、日本のアウトドアイベントの先駆け『オートキャンプショー』というイベントがあったんだよね。当時僕は雑誌『ガルヴィ』の編集長だったこともあって、イベント内でトークショーの企画をやっていたんだけど、話の流れでイベント全体を引き受けることになったのがはじまり。雑誌編集者時代に、春に新商品カタログを付けると読者が喜んでくれて販売部数が伸びた経験があったので、シーズンインの4月にメーカーさんが新商品を並べて、道具の使い方やテントの立て方を伝えられるような、ギアに触れられるイベントにしましょうって、決めたんだ。

——コンセプトの「体験」や「体感」は、その考えからきているんですか？

沖田　第1回が2011年で、東日本大震災の直後だったんだよ。アウトドアの道具が災害時に役に立つという認識が広がり、ギアの売れ行きが伸びた一方で、メーカーに使い方の問い合わせがたくさんあったという話も聞いていた。それで、道具の使い方をちゃんと伝える場所にするのが大切じゃないかって、コンセプトがはっきりしたんだよね。そこからどんどん大きくなって、アウトドア好きが新商品を見に来るイベントから、アウトドアを始めたい人が「アウトドアやキャンプってどんなもんなんだ？」って下調べに来る場所になり、ワークショップができたり、初めての人たちもベテランの人たちもメーカーの人たちと直接話せる場所、つまりは〝都会のキャンプ場〟みたいになっていったんだよね。

——東京会場だと出展企業は100社を超えますが、そのレイアウトってどうやって決めているんでしょう？

沖田　実はこのイベントは、今でも雑誌を作っているような感覚でやっているんだ。雑誌って、開くと最初に写真があって、コラムがあって第一特集があって、途中でクスッと笑えるようなページを入れてって「流れ」を考えて作っていたんだけど、イベントも、まず人が入ってきたらどういう風に最初に驚かせるかとか、地道にやっているところに光を当てるためには……とか、さらに進むと「そうそう、ここ見たかったところなんだよ」っていうメーカーさんを配置して……みたいなね。人が溜まりそうなところは少し離したりとか、動線を意識したりもしながらレイアウトを固めてる。

——雑誌作りと一緒とは、面白い！

沖田　レイアウトの線を引いているのは僕だけだし、これをやらせてもらえないなら、この仕事はやらない（笑）。でも、失敗もあるわけ。失敗したら理由を全部洗い出して、改善策を考える。その日のうちに出展者さんに電話して、レイアウトを若干変えたいから、翌日早めに来てくれって連絡して修正する。事前にすべての出展内容を

チェックする中で、時には展示のアドバイスもして、こういうことって普段からメーカーさんとコミュニケーションを深めてないとできないことだと思う。この仕事で何が嫌だって、出展者さんに「参加しなければよかった」って思われてしまうこと。大きいお金を出してくれるんだから、満足して帰ってもらいたい。来場者にも「面白かったね」って言ってもらいたい。そこを目指してやってるかな。

――沖田さんほど大規模なイベントをいきなりやるのは難しいかもしれませんが、イベントをやろうと思った時、何から始めるのがいいですかね？

沖田　まずは、キャンプ場でのイベントがやりやすいかもしれない。キャンプ場を貸し切って、イベントを開催する。他にはショッピングモールで小さめの規模でやる方法もあるし、規模を大きくしたければ、テレビ局やラジオ局と一緒にやると出展者も参加しやすいはず。大前提としてイベントで何がしたいのかを明確にしなければお客さんは来てくれないし、メーカーさんも出展してく

れない。

——僕もイベントを企画することがありますが、キャンパーさんが喜んでくれそうなことを考えて、それが思い通りになった時は、なんとも言えない喜びを感じます。沖田さんがこのイベントをやり続ける理由は何ですか？

沖田 やっぱり来てくれる人が面白がってくれることが、たまらないからかな。雨の日でもみんなレインウエアを着て遊びに来てくれるし、爆弾低気圧が通過した翌日には、「強風だからキャンプは中止して、気になってたギアを見にきました」っていう人もいた。そんな悪天候でも楽しみにしてくれるのは嬉しいよね。みんなマナーもいいしね。続けることは大変だけど、初心者にもアプローチできて、アウトドアを楽しむ人が増えることが最大の喜びだよ。

「アウトドアで遊び、キャンプ場でのんびりしている」をモチーフにした、アウトドアデイジャパンのイラスト。

インタビューを終えて

出展者をまとめあげ来場者を喜ばせる裏方の美学

業界関係者はみんなが口を揃えて「アウトドア関係者は、曲者が多い」と言う。そんな中で、大小さまざまな出展者をまとめあげていくのは大変だろう。自分の一存で決まるレイアウトと当日の指揮次第で出展者、来場者ともに満足度が大きく変わる可能性もある。プレッシャーのかかる仕事だけど、それがイベントプロデュースの醍醐味でもある。思い通りにいった時の出展社の満足そうな顔と来場社の満面の笑みがあれば、そりゃ続けたいと思いますよね。表に出ることは多くないけど、舞台裏で場を整える人物。かっこいいなぁ。

Work's File № 004

キャンプを料理で彩るスペシャリスト

アウトドア特化型フードスタイリスト

Data

年収（業界相場）：※本書調べ

100～500万円

主な取引先：

出版社／広告代理店／キャンプ場／イベント会社 など

生かせる経験：

栄養士／飲食業／食品製造業／スタイリスト／デザイナー など

Analysis **必要な資質・技量**

- 優れた色彩感覚
- 食材や調理器具への探究心
- 料理への強いこだわり
- クリエイティブな感性

おもな仕事内容

『雑誌やテレビの野外撮影などで「食」に関するシーン（キャンプ料理を含む全体のテーブルコーディネート）のスタイリングをするのが、アウトドア特化型フードスタイリスト。見映えのする料理作りはもちろん、お皿やクロスといった小物使いのセンスも必須。』

アウトドア調理ギアの機能を最大限に引き出す技量が必要

仕事の依頼がやまないのは、焚き火や炭火を用いるアウトドアでの撮影スキルと、スキレットやダッチオーブンなどのキャンプ道具を扱えるスキルの両方を併せ持つ人。それらに加えてオリジナルレシピを考案できると、書籍の出版やレシピ監修など仕事の幅が広がる。

Symbolic Person

No 004

アウトドア特化型
フードスタイリスト

風森美絵さんに詳しく聞いてきた！

Profile

アウトドアでご飯を食べるライフスタイルを提案する“外ごはんスタイリスト”として活躍するかたわら、画家やアートディレクターとしての顔も持つ。レシピ本の監修やクッカーのプロデュース、広告のディレクションなど、多方面で活躍中。焚き火をこよなく愛する、生粋のキャンパー。

自ら切り拓いたフードスタイリストへの道

――キャンプ料理のレシピはよく見かけますけど、料理のスタイリング、しかもアウトドアに特化する仕事ってあまり馴染みがありません。まずは、どういう経緯で今の仕事に就くに至ったのか教えてください。

風森　私が今のお仕事を始める以前から、アウトドアの大先輩の皆さんが、雑誌などにダッチオーブンやBBQのレシピを載せていたし、そういうお仕事自体はあったんだよね。私自身は、2009年頃からの山ガールのブームを受けて、女性で登山をしていたこともあって「雑誌でレシピを書きませんか？」って出版社の方から声をかけていただいたところから始まってるよ。

――風森さんは、調理スタッフ経験者なんですよね？

風森　うん。デザイン系の短大に通っていた時から調理のアルバイトをしていて、イタリアンで4年と割烹で1年を経験して調理師免許を取得したよ。

――仕事をご一緒させていただく中でいつも不思議に思うんですけど、普段レシピってどうやって考えているんですか？

風森　レシピを作る時は、柔軟な発想が必要で単純に「○○のレシピを書いてください」という話ではなくて「スキレットを使ってください」みたいに道具に縛りがあったり、「炭火で」っていうシチュエーションが決まっていたりするの。つまり使える手立てが絞られた状態で消去法でレシピを書く時もあれば、頭の中で何かと何かを組み合わせてレシピを考案することもあるかな。

――なかなか簡単なものじゃないですよね。

風森　「○○を外で作って」というだけなら簡単なんだけど、「レシピを作る」ってなると求められるものが違って、キャンプで本当に作ることを考えた「リアルさ」と、普通のスーパーで売っている食材で「おいしくて、誰でも、簡単にできる」っていう要素も組み合わせるように心掛けているから簡単にはいかないのかも。

WEBサイトへのレシピ提供とフードスタイリングを担当した仕事の一例。

――クリエイティブな仕事ですよね。実際、それで生計は立てられるんですか？

風森　レシピを書くだけだと単価が安いのが現実なの。そうやってリアルさや作りやすいものとか、考えを巡ら

せて料理を作っても、編集者の方にスタイリングしてもらうと、自分が思う「美味しそう」な写真にならなかったり、予算的にスタイリストを呼べなかったりして。

――編集者は、プロのスタイリストではないですもんね。

風森　「もっと美味しく見せられるのに、もったいない」って思って、それでスタイリングまでやらせてくださいってお願いするようになったの。デザインの仕事をしているし、スタイリングもやったらできるかもと思ったのね。食事を作って、レシピを書いてっていうのは諸先輩方がやっていたけど、スタイリングとセットで売り込むことによって、仕事の単価も質も上げることができた。そういった経緯があって、アウトドアでのフードのディレクションだけで食べていくことに関しては、第一人者と言われるようになったのかな。

――風森さんを追いかけて、フードスタイリストや料理に関する仕事を希望する人には、どんな道がありますか。

風森　今はアウトドアの雑誌やレシピサイトがたくさんあるから、まずはそこでレシピを提供できるようにアプ

ローチして、撮影現場の場数を踏むところから始めるのがいいと思う。大切なのは「アウトドアならでは」の視点を常に持って、焚き火、BBQ、ダッチオーブンのようなアウトドアの現場やキャンプ道具でどう料理を作れるのかを考え続けること。自分が食べて美味しいだけじゃなくて、人に「美味しそう！」って思ってもらえるように工夫すると、お仕事につながりやすいよ。

――一般的な料理も、アウトドアだったらどういう料理やシーンになるのかを考えなくてはいけないと。

風森　それと、体力も必要だね（笑）。炭火や焚き火で調理するし、仕事自体がキャンプ道具でキッチンを作るところから始まるわけで。この仕事は過酷だから、好きじゃないとなかなかできないと思う。でも、好きだからこそ学ぶことが多いし、楽しいよ。スタイリストになりたいならプロの下でアシスタントとして経験を積んで学んでいくのが、確実な方法じゃないかな。フードのスタイリングには、デザインと同じようにセオリーやロジックがあるから。レシピを作るだけならば料理研究家としてやっていく方向性もあると思う。

――最後に、風森さんがこの仕事で突き詰めていることを教えてください。

風森　私は、野外で食べるっていうライフスタイルを提案していきたくて「外ごはんスタイリスト」を名乗るようになってから気付いたら10年近く経ってた。この仕事の面白いところは、料理を前にした人の自然な表情、リアルな笑顔が見られること。例えば、テレビの撮影でタレントさんが「美味しい！」って本音を漏らしたり、できあがりの瞬間のリアクションだったり。そのリアルな反応が引き出せた時は、「よし！」ってなる。それと何より、食べることは、生きることだから、100人いたら100人がすること。そんな食をどれだけ彩って、生活の一部として楽しんでもらえるかをこれからも考えていきたいと思ってる。

風森さんがテンマクデザインとコラボレーションしてデザインしたクッカー。ソロにちょうどいいサイズ感。

インタビューを終えて

料理への愛情表現が多彩すぎてびっくり

「料理の魅力を伝え切れていないのがもったいないと思った」と話す風森さんは料理への愛情が人一倍強いと、一緒に仕事をしていると感じる。レシピをひねり出し、手塩にかけて作った料理。その料理が持つ魅力を最大限に伝えて、見た人に〝外ごはん〟を楽しんでもらいたいと心の底から考えている。料理への愛情。「食」を扱う人間にとっては当たり前かもしれないが、だからこそ、愛情や好きというエネルギーを根本に持っているかどうかが、大きな差になるのだろう。そしてそれは、見る人、食べる人にも伝わるはず。

Work's File №005

誌面の設計図を描き、指揮官になる

編集者

Data

年収（業界相場）：※本書調べ

400〜1000万円

主な取引先：

アウトドアメーカー／アウトドアショップ／広告代理店／印刷会社／デザイン会社 など

生かせる経験：

広告業／印刷業／ライター／ブロガー など

おもな仕事内容

『雑誌編集者の仕事とは、雑誌のテーマに沿った企画を考えてページ作りをする仕事。誌面イメージのラフを作り、取材ではカメラマンやスタイリスト、モデルへの指示を出す司令塔の役割を担う。撮影後はデザイナーやライターへと仕事を流し、誌面を作り上げていく。』

雑誌制作のすべてを掌握する圧倒的なマルチロール

有能な雑誌編集者とは、トレンドや世の中を先読みして、読者が面白いと思う斬新な企画を思いつく発想力を持ち、その企画を実現させるバイタリティのある人物。読者が楽しんで読める記事を制作する過程では、関わるクリエイターたちの指揮も執る。すなわち、指示伝達能力と人脈が必要。

Analysis 必要な資質・技量

- ☑ 旺盛な好奇心
- ☑ 流行にいち早く反応する瞬発力
- ☑ すべての工程に責任を負う覚悟
- ☑ 写真やデザインの知識

Symbolic Person

No 005

編集者

槻 真悟さんに 詳しく聞いてきた！

Profile

fam_mag編集長。ファミリー向けのアウトドア誌『fam_mag』の制作総指揮を務めるかたわら、キャンプをテーマにした書籍も多数手掛ける。テレビ番組『おぎやはぎのハピキャン』のキャンプ監修も担当している。

〝かっこいい父親像〟に必要な要素がキャンプだった

—僕が発売を毎号楽しみにしている『fam mag』。このムック本は槻さんが編集長として創刊したんですよね。まずはその経緯から教えてください。

槻 『fam mag』は、キャンプをテーマにした、父親に向けたムック本なんだよね。〝イケてる父親像〟をイメージした時に、「キャンプを楽しむ父親ってかっこいいじゃん」って感じたの。

—それは、子どもに自然体験をさせられるとか、そういう視点ですか？

槻 それもあるけど、キャンプは父親と子ども、どちらも主役になれるレジャーだって思ったの。テーマパークで子どもを楽しませるのもいいんだけど、ヒーローやキャラクターを前にすると父親は無力なんだよね。でもキャンプは、父親が主導権を握って子どもを喜ばせられる。子どもに「星を見ようぜ」って誘えるし、焚き火も一緒に楽しめるところに魅力を感じたんだ。

――それで本を作っちゃおうっていうんだから、編集者の仕事って面白いですね。

槻　編集の業務って、設計図を描く作業に似てる気がする。こんな読者がいるだろうなってことを想像して企画を考えて、中身を作っていく。どこにどんな要素を入れたら、読者が自分たちの目指すゴールに辿り着けるんだろうかって。例えば、ゴールが〝キャンプの楽しさを伝えたい〟のであれば、編集者は誌面でその道筋を作っていく。この設計図を描けることが醍醐味だと僕は思う。それに加えて編集者は、雑誌という器の中で自分のやりたいテーマについて、好きな人たちと一緒に誌面を作れる喜びもある。

――設計図の完成に必要なメンバーを自分で選ぶんですね。

槻　その通り。取材対象者についても同じで、テーマに合った最も魅力的な人を選ぶ。普段なかなか会えないような人にも仕事を通して繋がれる仕事でもあるね。

――そんな編集者に必要な素養って何でしょう？

槻　企画力、ディレクション力、文章力、営業力。この4つかな。企画力は、読者にとって面白い誌面って何だ

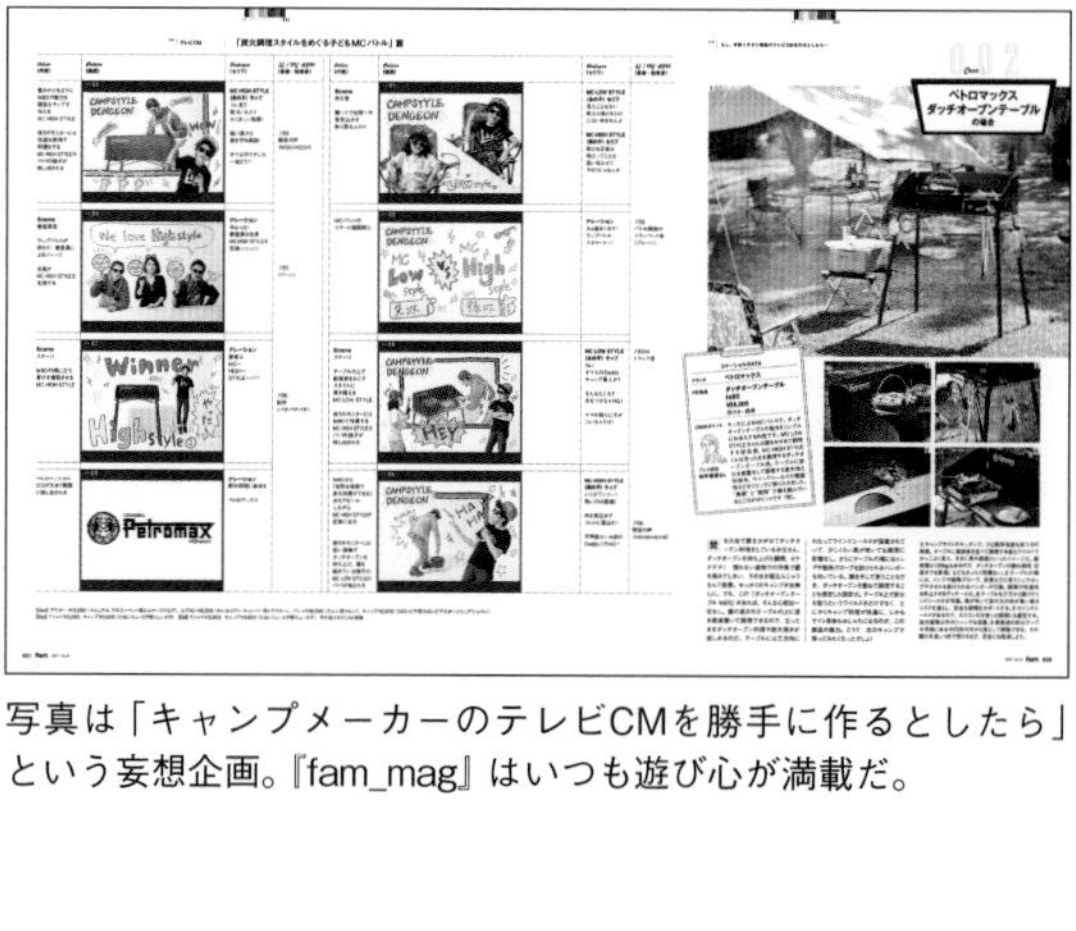

写真は「キャンプメーカーのテレビCMを勝手に作るとしたら」という妄想企画。『fam_mag』はいつも遊び心が満載だ。

ろうって創造する力。ディレクションは、現場でカメラマンやスタイリストに、撮影が終わったあとはデザイナーに指示を出すから、その指示の的確さが大切。文章力は、書くのもそうだし、文章を正しく読めないといけない。営業力については、もちろん社内に広告営業をする部署はあるんだけど、クライアントと向き合って信頼関係を築くのは、最終的には編集者だからね。

――編集者になるまでの道筋って、よく聞くのはライターから編集者になるパターンですよね。

槻　フリーランスだとその流れが多いけど、最初から出版社に入社して力を磨くのが一番早いと思うよ。今は編集者になりたい人が減ってきてるからハードルは昔ほど高くないし。一方で、ありがたいことに紙媒体の編集者は、貴重な存在だと認識してもらえている面もあるよね。

――それはなぜだと思いますか？

槻　基本的に、紙媒体はお金を払って買ってもらうでしょ。それを編集者は絶対に意識していて、紙という形で残る以上はミスが許されないという覚悟があるんだよね。

あと、良質なものを作るための探求心も強いよね。誌面の中にファミリーがキャンプしている写真があったとして、そこに写っているテントの見え方やモデルの目線、影の落ち方に至るまで、あらゆるこだわりが詰まっている。写真1枚を例にとっても、そこに注ぐ熱量と執念が全然違うし、正しいこだわり方を知っているというか。

——確かにそうですね。僕も紙媒体で仕事をする時は、こだわりの誌面にスタッフの一員として参加できることが嬉しかったりもします。

槻　実際に僕も時々『fam mag』でいつか原稿を書かせてください」とか「イラストを描いてみたいです」って言われることがあって、それは編集者冥利に尽きるし、そう言ってもらえる限りは、雑誌も書籍も生き残り続けるだろうね。実際のところ、SNSやYouTubeで何万人ものフォロワーを持っている人も、誌面に載ったり書籍の著者になることに対して、特別な思いを持ってくれている気がするよ。

——読者である父親たちからの反応はどうですか？

槻　『fam mag』を読んでキャンプを始めました」って人がいるとやっぱり嬉しい。子どもをアウトドアに連れていってテントでひと晩過ごすことは、父親にとっても覚悟が必要なんだよね。『fam mag』は、「キャンプって楽しそうだけど、どうしようかな……」って迷っている父親が、最初の一歩を踏み出すきっかけになる本でありたい。「キャンプをするとこんなにいいことがありますよ」っていう、キャンプを始めたあとに広がる世界を誌面でどう伝えるかをこれからもずっと模索していきたいと思ってる。それと同時に、誰もが無料で情報を得られるこの時代に、あえて有料のコンテンツを作ることの意義や、価値の高め方も引き続き考えていくつもりだよ。

付録も楽しみのひとつ。持っていると通ぶれるものや初見で使ってみたくなるものなどが付録作りのキモだそう。

インタビューを終えて

自分の感性を信じて「設計図」を引き続ける

『fam mag』は毎号全ページがしっかり作り込まれていて、クリエイターがその制作に携わりたいと夢見るのも頷ける。その雑誌の総指揮を執るのが編集長の槻さん。誌面づくりは、編集者の感性によるところが大きいという。立案した企画が外れると、自分の感性が世の中とズレていると突きつけられるように思えて、怖い気もする。だけど槻さんは「怖いけど、そこが面白い」と笑っていた。関わる人が多く、責任も大きいけど、自分が描いた設計図通りに仕事が完遂できた時の達成感は、人一倍大きいだろうなぁ。

Work's File №006

"絵"でキャンプを伝える
イラストレーター

Data

年収（業界相場）：※本書調べ

100〜400万円

主な取引先：

出版社／広告代理店／キャンプ場／アウトドアメーカー など

生かせる経験：

広告業／出版業／デザイナー など

Analysis 必要な資質・技量

- ☑ 絵を描くことへの愛情
- ☑ 森羅万象への好奇心
- ☑ 観察力と洞察力
- ☑ 長続きする集中力

おもな仕事内容

『キャンプギアやHow to、キャンプシーンなどをイラストで表現する仕事。文字や写真では伝わりにくいことを、イラストで読者にわかりやすく説明できるため、書籍や雑誌で重宝される。パンフレットやアパレルのカタログなど、自分次第で活躍の場は広がる。』

クライアントの要望に個性で応える力が大切

業界で重宝される人は、描くイラストに個性があり、編集者やクライアントの要望に対しての汲み取りが早い人物。個性のあるイラストは特徴的で使いどころが計算しやすい。高いセンスに加え、レスポンスや修正作業が早い人も信頼されて、仕事が増える。

Symbolic Person

No 006

Profile

イラストレーター・エッセイマンガ家・キャンプコーディネーター。女性が自立してキャンプをする「女子キャンプ」を最初に提唱した人。『そうだ、キャンプいこう！』など著書も多数。テンマクデザインのコラボレーターとして、女性でも簡単に設営できるテント『PANDA』をデザイン。

イラストレーター こいしゆうかさんに詳しく聞いてきた！

やりたいこととできることのバランスを見極める力

――いろんな仕事をされているこいしさんですが、今回はイラストレーターとしてお話を聞かせてください。

こいし　イラストレーターとしてインタビューされるの、実は初めてかもしれない。キャンプのイラストレーターってニッチだからね（笑）。

――実際キャンプのイラストだけで食べていけますか？

こいし　そもそもイラストだけで生計を立てられる人自体が本当にひと握りだから、キャンプだけだと厳しいのが現実。私もイラストレーター専業ではなくて、マンガも描けることが強みになっているのかも。

初の書籍『そうだ、キャンプいこう！』は、男性視点で語られがちだったキャンプを女性目線で描いた一冊。

——そんな厳しい世界に、なぜ入ったのでしょう。

こいし　キャンプに出会うまで、私は人生で好きになれたものが絵しかなかったんだよね。幼い頃からエッセイマンガを描いていて、就職を前に、イラストレーターになりたいって思ったの。人生は一回しかないから好きなことに挑戦しようって。それで仕事をしながらイラストの学校に通ったんだけど、その学校で先生が言った「絵は誰でも描けるから、あなたが本当に伝えたいものや、好きなものを広めるために描くのがいい」って言葉がすごく印象に残って。

——グッとくる言葉ですね。

こいし　その言葉とキャンプが繋がったの。初めてキャンプをした会社員時代に、老夫婦がチェアに座ってベストポジションで雲海を眺めているのを見て「かっこいい！　こんな世界があるんだ。キャンプって大人の遊びなんだな」って思って、それから一気にハマった。

——そこからどうやって最初の仕事に繋げたんですか？

こいし　とにかく営業（笑）。平日は会社員として働いて、土日にキャンプイベントに行って名刺を配って。周りに女性キャンパーがあまりいなかったから「女子キャンプ」という名前をつけて、それを広めるためにブログを書いてた。最初の仕事は登山雑誌の『ランドネ』で、「女子キャンプ」をテーマにコラムの連載を担当させてもらったのと、東海汽船さんで4コママンガのお仕事もいただいたんだよね。それで会社員を辞めたけど、独立して3〜4年は貯金を切り崩してギリギリだった。時にはバイトもして、なんとか生活してたよ。

――地道な営業しているんだよなぁ、こいしさんって。

こいし　私の場合は「女子キャンプ」という自分が伝えたいことが特徴的だったのがよかったんだよね。営業もしやすくて。だから、ただ絵を描けばいいわけじゃないよね。フリーランスである以上、どこなら自分がイラストレーターとして活躍できるのかをリサーチしないといけない。

――どこにニーズがあって、自分の絵がどうマッチするのか、何を武器にすればいいのか考える必要があると。戦略的でないとお金は稼げないし。

こいし　それと、継続的に仕事を得るためには、自分の武器と表現方法を見つけてアピールして、人脈を作れないと難しいかな。

――今の時代なら、SNSにイラストをアップして、自分のテイストを見せておくことも大切かもしれない。

こいし　例えば「キャンプ道具を何も見ないで5分で描けます」って言ったら、強いよね？　頼むほうも楽で、頼んでみようってなる。雑誌の挿絵の仕事も好きだった

けど、エッセイマンガが得意だった。私が描き始めた頃はキャンプのイラストといえば、かっこいい写実的なイラストが多い印象で、女性向けのものはほとんどなかったの。だから「女性でもキャンプは面白いってことを、エッセイマンガで描いたらみんなに伝わるかも！」って思った。それが1冊目の書籍。キャンプとエッセイマンガが繋がったのは、自分の人生の中でもラッキーだなって思うけどね。

――好きなことが得意になって、それが仕事になっているんですよね。でも、その「好き」を「得意なこと」にするって難しいじゃないですか。

こいし　こればっかりは、続けることだよね。あと私の場合は、仲間がいたことも大きいかな。「エッセイマンガ、いいんじゃない」って言ってくれる人がいたんだよね。自分の意志が固まった瞬間も覚えてる。山の取材で尾瀬に行ったんだけど、時間に余裕があったからのんびり過ごしていた時にポロッて思ったんだよね。「私、キャンプに出会えて、この世界に来られてよかったな。や

っぱり私、キャンプのエッセイマンガを描きたい、伝えたい！」って。

――そこから始まって今ではいろんなイラストやマンガを描いてますが、これからはどんな作品を？

こいし　ずっとキャンプが広まってくれたらいいなって思ってイラストを描いていたけど、これからはキャンプに一緒に行っている気になれる、キャンプの〝空気感〟を感じてもらえる作品が作れたらいいと思ってる。いろんな地方に行って、旅をしながらキャンプをしてライブ感のあるレポートの一枚絵や、スケッチとかを描いていきたい。キャンプをしたその先に見える心情や景色が伝わるようなものを。もっと旅をしてもっといい絵を描いていきたいな。

三重県でのキャンプ旅をレポートしたイラスト。お酒や地方の食を味わいながら旅を楽しむ。

インタビューを終えて

プロの描き手としての覚悟と決意を感じた

自ら提唱した「女子キャンプ」を切り口に、子どもの頃から大好きだった「絵」と、大人になって大好きになった「キャンプ」を繋げて、キャンプのイラストレーターというジャンルを切り開いたこいしさん。絵を描くことが好きでも、絵だけで生きている人はほんのひと握り。アーティスト気質の人が多い職業だからこそ、ビジネスとの割り切りが難しいのかもしれないが、そこをスパッと決断したこいしさんが今のポジションにいることがひとつの答えだと思う。フリーランスとして食べていく以上は、その割り切りが大事。

Work's File No. 007

ブロガー

独自の感性と切り口で文章&写真を投稿

おもな仕事内容

『キャンプギアのレビューやキャンプ場紹介、How toなどをブログにアップする仕事。ブログに掲載している広告のクリックやアフィリエイトリンク経由での購入によって広告収入が発生する。ブログは立ち上げるハードルが低いため、副業として始めやすい。』

独自の視点と切り口が他者との差別化の基本

ブロガーとして売れるには、読者が知りたい情報を他の人がやらないレベルまで調べる根気や、実体験に基づくオリジナリティのある投稿、独自の切り口が大切になる。検索で上位に表示されるためのSEO対策の知識やSNSでの積極的な発信も欠かせない。

Data

年収（業界相場）：※本書調べ

100〜400万円

主な取引先：

インターネット関連会社／広告代理店 など

生かせる経験：

ライター／出版業／広告業 インターネット関連業 など

Analysis 必要な資質・技量

- ☑ 些細なことに気付く感受性
- ☑ 読者のニーズを汲み取る力
- ☑ 優れたリサーチ力
- ☑ 明確に主張を伝える文章力

Symbolic Person

No 007

ブロガー

ずぼらママさんに詳しく聞いてきた！

Profile

３人の男の子を持つファミリーキャンプ歴12年のママさんキャンパーであり、ファミリーキャンプ視点で記事を投稿するブログ『ママはずぼら』を運営するブロガー。オートキャンプインストラクターの資格を持つ。年間の閲覧者数は、延べ220万人。

『ママはずぼら』

https://www.zubora-mom.com/

実体験を元に、読み手が求めていることを伝える仕事

――僕もブロガーですけど「どうやってブログでお金を稼ぐの？」ってよく聞かれます。「キャンプに行ってブログを書くだけでお金が稼げるの？」って思う人が多いのですが、実際はそんな単純じゃなくて、読み手が求めている情報を提供する必要があるんですよね。

ずぼらママ　私の場合は、自分がキャンプに行くためにいろいろ調べるうちに、ファミリーキャンパー向けの情報が圧倒的に足りないと思ったんです。それで、知りたいことがないなら自分でやってみようと思い、夫からの後押しもあってブログを始めました。キャンプ場のサイ

トの雰囲気や広さ、ペットOKなのかどうかとか、個人の日記というよりも、もう一歩深いところの情報を書くようにしています。

——キャンパーが知りたい情報を丁寧に拾うのは大事ですよね。「どこそこにキャンプに行ってきました」という投稿だと、他の誰かにとって有益な情報になることが少なくて、それだと収益化は難しい。ブログの収入は、アクセス数に比例するので、検索やSNS経由でアクセスしてもらえるよう、求められていることを伝えるのが重要ですよね。正直に言えばブログはそんなに儲かるものではないので、お金を稼ぐことを第一に考えるとうまくいかない。書くことや伝えることが楽しいと感じて、それがたくさんの人に読まれれば、結果的に収入が得られる。誰かの行動を情報や体験で後押しできたことに喜びを感じられる人のほうがうまくいくと、僕は考えます。

ずぼらママ　生きがいとまではいかないけど、私は、書いて伝えたあとの反応が嬉しいんです。「ブログを見て行きたくなりました。行ってきました」っていう報告を受けたり、私が使っているランドロックを真似して買ってくれたり、おすすめした道具を買ってくれたり。ブログを読んだことでのリアクションがすごくありがたくて。

——もともと文章を書くような仕事をしてたんですか?

ずぼらママ　以前は営業職だったので、メールは送っていても、公に対して書くことは一切やってません。やり始めの頃は書かないとうまくならないから、とにかく1日に1~3本は書くようにしていました。

——僕もそうでした。ブログって文章のプロだからヒッ

ブログ用の写真とYouTubeの撮影に使用している機材一式。もはやプロ並みのラインナップ。

QRコードを読み込むと、ずぼらママさんの各種SNSのリンクへ。最近はYouTubeチャンネルも開設。

トするわけではなく、切り口や視点も含めたこだわりが面白ければ読んでもらえるんですよね。

ずぼらママ　私は写真にこだわるのと、一般キャンパーとして読者と同じ目線で、正直に書くことをすごく大切にしています。読者を欺くようなこと、嘘や大げさなことは書かない。きちんとやっていれば収益は後から付いてくるっていう考えです。商品のPR記事の依頼もありますけど、基本的に欲しい道具は自分でお金を払って買っているので、欲しいと思わなければやらないようにしています。商品提供を受けて書くっていうのは個人ブログじゃなくてメディアがすればいいと思っているので。むしろお金を払っているからこそ、その道具のよさを値段感も含めて伝えられますし。

――わかります。ブログに求められているのってそういうことですよね。嘘をつかないことと繋がりますが、実体験を書くことが大切だと僕は思ってます。ネットで寄せ集めした写真で情報をまとめるのではなく、自分が体験したことをベースに伝える。それがオリジナリティに

なって、読み手に伝わると思うんです。そのうえで、検索対策でタイトルにどんなワードを入れるかとか、テクニカルな部分を加えていく。

ずぼらママ　テクニカルな部分だと、特にギア系ではキーワードを調べるようにしています。検索数の多いワードをタイトルに入れて、あとは自分の感覚で決める。最終的には他のブログなんかと見比べて、他の人が書いてないことや、違う目線を加えてますね。

——そこでも独自性とかオリジナルな視点が大事ですよね。自分の体験がベースという点だと、ずぼらママさんは家族とキャンプをした経験をブログに書いてますね。

ずぼらママ　キャンプって、子育てに本当にぴったりだと思うんです。知的好奇心の塊である子どもにとって、外に行くこと自体が興味を刺激してくれる。それに、それぞれの部屋がある家と違って、キャンプでは気が付くと家族みんなが火の周りにいたりして、ひとつの場所に集まりやすいから、家族の仲が深まる効果もある。子どもの自発的なお手伝いも増えるし、親がきちんと褒めてあげれば、子どもの自己肯定感も高まります。トラブルがあっても親が臨機応変に対処できていれば子どももそれを見て覚えるし、別のトラブルが起きた際でも考える力が働く。私も、自分が幼い頃に家族でキャンプに行って、親が火おこしに試行錯誤していた姿を見て、工夫の大切さを学んだ実体験があります。

――ファミリーキャンプっていいですよね、僕も憧れます！　ちなみに、今後はどんな活動を展開される予定ですか？

ずぼらママ　ファミリーキャンプのブログを書いているうちに、発信するだけじゃなくて、キャンプが気楽に楽しめることをリアルで誰かに伝える存在になりたいと思うようになったんです。だからこれからは、ファミリーキャンプアドバイザーとしての活動も頑張りたいです。

愛用のテントは、スノーピークのランドロック。「ブログを見て買いました」と言われるのがブログ運営の喜び。

インタビューを終えて

ブログは、キャンプ業界で働くための足掛かりになる

ずぼらママさんは、ブログを書き続けた経験を元に、アドバイザーへと活動の幅を広げようとしている。そして僕は、おかげさまでこの本の出版やテントのデザインなど、キャンプにまつわる仕事ができるようになった。実は僕よりも上の年代でアウトドアで活躍する人たちの中にも、ブログがきっかけでこの世界で仕事をしている人が複数いる。ブログ1本で生計を立てるのは難しいが、キャンプの世界へと進む一歩目になる可能性をブログは秘めていると、僕は思う。ブログの立ち上げは難しくない。チャンスは誰にでもある。

Work's File №008

ウエアとギアで〝ワクワクのシーン〟を作る

スタイリスト

おもな仕事内容

『雑誌の企画やメーカーのカタログ撮影、広告、テレビ撮影など、企画のイメージに合ったウエアやギアを集めて、キャンプシーンのスタイリングをする仕事。センスが必要なことはもちろん、道具の貸し出しに応じてもらえる、ブランド担当者との人脈も必須。』

Data

年収（業界相場）：※本書調べ

300〜5000万円

主な取引先：

出版社／広告代理店／テレビ局／アウトドアメーカー など

生かせる経験：

出版業／広告業／サービス業／デザイナー など

Analysis 必要な資質・技量

- ☑ ファッションへの深い造詣
- ☑ 生地素材の知識
- ☑ トレンドを掴む感性
- ☑ 高いコミュニケーション能力

美的感覚やセンスに加え人脈の広さも必須の要素

売れているスタイリストとは、ふたつのタイプにわかれる。ひとつは、スタイリングの世界観をアーティストレベルで確立して、それが世の中から求められている人物。もう一方は、コミュニケーション能力が高く、発注主である出版社やメーカーとの人脈が豊富な人物。

Symbolic Person

No 008

Profile

アウトドア雑誌や男性ファッション誌、ブランドのカタログ制作などでスタイリングを手掛ける、モノ系、アウトドアに精通したスペシャリスト。スタイリスト事務所でのアシスタントを経て独立。豊富な経験を生かして、アウトドアに特化したコンサルタント業へも活躍の場を広げている。

スタイリスト 近澤一雅さんに詳しく聞いてきた！

使う商品を選ぶ際に念頭にあるのは「ロジック」

――スタイリストと言えば、雑誌でモデルの衣装をバッチリ決める華やかなイメージを抱いていたんですけど、現場でご一緒する中で、僕らには見えてない仕事があることがわかるようになりました。一般的にスタイリストの仕事の範囲は、どこからどこまでになるんでしょう？

近澤　モデルや撮りたい写真といった全体を見ながら服や物を組み合わせて、シーンを作る仕事かな。この仕事は基本的には裏方で表に出ないから、雑誌だと100あるうちの1しか見えてない。でもその〝1〟を作るまでが大変なんだよね。例えば編集部で企画ができる時に、

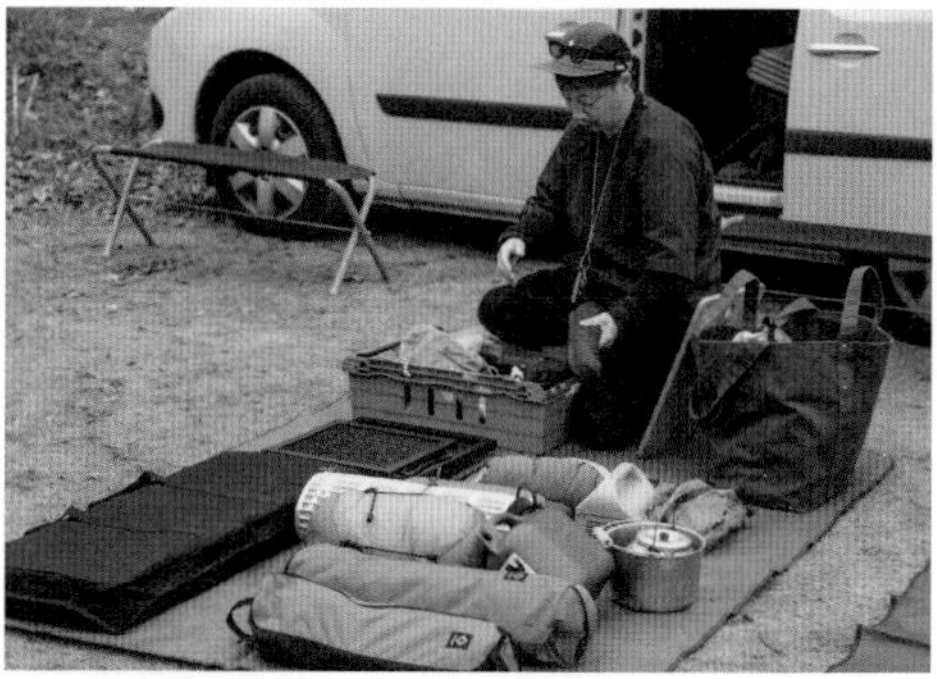

撮影では、ギアやウェアをメーカーから借りるのが基本になるが、スタイリストの私物を使うこともままある。

それをどう具体化するかっていう段階から僕も打ち合わせに入っている。撮影日が設定されたら、企画に合った物をヒヤリングしつつリストアップして、モデルの有無も決めて、ロケに入るという流れ。撮影もロケとスタジオで2回あったりもして、ひとつの案件が長いよね。

——そもそもスタイリストはどうやってなるんですか？

近澤　一般的には、専門学校のスタイリスト科に入学するか、業界誌なんかに載ってる求人に応募してアシスタントになって、それから独立する。でもスタイリストっていろんな人がいて、僕は事務所とフリーのスタイリストのアシスタントを経て今があるけど、美容師だった人もいれば、編集者やカメラマン出身の人もいるよね。ただ、もしゼロから始めるなら、スタイリングにも基本やロジックがあるから、仕事として一生やっていく以上は誰かについて学んだほうがいい。時代が変わっているからなんとも言えないけど、それが一番の近道だと思う。

——それはよくわかります。自分は「好き」が優先して飛び出して、基本を学ばず実践だけでやってきてるので。

近澤　でも、さくぽんは日本全国旅をして学んだ体験があるからね。とはいえ、例えばライターであれば出版社とかで修業を積んで、そこから自分の好きなことに向かったほうがしっかりしたものが書けるのは間違いない。他のジャンルに行っても基礎があればそれを応用するだけだから。「好き」で飛び込むなら、メーカーやショップに入社したほうがいいと思うし、ゆくゆくはフリーランスでやりたいんだったら、なおさらじゃないかな。

——今振り返ると同感です。一度どこかに入社すれば、そこで基礎と人脈が築ける。スタイリストだとアイテムを借りたりするのに、人脈が特に大切になりますよね？

近澤　キャンプのムック本の制作は、毎回80社くらいから道具やウエアを借りるんだけど、それができるのはやっぱり信頼を積み上げてきたからかな。スケジュールがパツパツでワガママとか無理を聞いてもらうこともあるし。リースにもルールがあって、登山系だとレイヤリングがちょっとでも違うとダメだし、キャンプならインテリア的な要素も入ってきて、ウエアより重要度が高いこともある。それで撮影が終わればすぐに返却作業を行うって流れが、校了までひたすら続く。

――そんな大変な仕事でも続ける理由は何ですか？

近澤　まず、結果が早いのがよかった。自分のした仕事が1カ月後に誌面に出るのは満足度が高いよね。あとはいろんな案件と出会えるのもいい。僕はもともとファッションの仕事をしていたんだけど、マウンテンパーカやシェルが流行り出して、アウトドア系の特集を手掛けたのが今の方向にシフトしたきっかけなんだよね。自分た

ちで登山道具を揃えて山でロケをしたら、撮影も山を登ってることも楽しくて。やっているうちにファッションよりもアウトドアが面白くなってきちゃったんだよ。

――ファッションとは違う、アウトドアならではの面白みとは？

近澤　理由のあるものを使っているのが楽しかったんだよね。とあるブランドの人に「これって服じゃなくて、道具の一部なんで」って言われたことがあって。ファッションとは素材も違うし、なぜこの組み合わせなのかにも、漠然とした感覚に頼らないロジックがある。アウトドアは、そのロジックが大事になるんだよ。

――確かに、なぜそこでその素材を使ったり組み合わせたりするのかは目的があって決まりますもんね。

近澤　スタイリストとしては、そこにコーディネートの妙を生み出せるでしょ。快適性もあるけど、命を守らなきゃいけない状況もある。その答えを考えるのが楽しい。

――「命を守る」って、かっこいいですね。

近澤　これは、僕がアウトドアのスタイリストになろう

って決めたきっかけのエピソードなんだけど。九州は長崎の九十九島の撮影で、長年カヤックツアーをやっているアウトドアショップのおじさんと話す機会があって、その人に「ファッションにアウトドアを取り入れる流行りについてどう思うか?」って聞いたんだよ。そしたら「アウトドアウエアは、命を守ることを考えて作られている。ファッションのようにプライドを守るためのものじゃないんだ」って言われて。それを聞いて「最近のファッション性の高いアウトドアウエアなら命を守るものでありながら、かっこよくてプライドも守ってくれるから最高だな」って思ったの。そこで僕はアウトドアのスタイリストとして生きていこうって決めた。テンガロンハットをかぶったおじさんだったんだけど、すごくかっこよく見えたんだよね。

筆者も制作メンバーに入っている「スナグパック」のカタログ制作は、近澤さんがスタイリングを手掛けた。

インタビューを終えて

華やかなシーンを支える裏方のプライドを見た!

雑誌やカタログで目を引くキャンプシーン。読者が「いいな、これ欲しいな、こういうのをやってみたい」と思う1枚の写真やひとつの企画を作り上げるために、裏ではそのシーンに合った道具の手配やモデルの選定など、決めることがたくさんある。たまに誌面に登場するスタイリストがおしゃれなので、その印象だけで華やかなイメージを持っていたけど、とんでもない。「基本裏方で、サービス精神がないとできない仕事だと思う」と話す近澤さん。そうやってキャンプのワクワクは作られているんだ。かっこいい仕事だ。

Work's File No 009

キャンプを題材とした物語を紡ぐ
マンガ家

Data

年収（業界相場）：※本書調べ

0〜∞万円

主な取引先：

出版社 など

生かせる経験：

出版業／広告業／イラストレーター など

Analysis　必要な資質・技量

- 仕事に投資する資金力
- 豊かなイマジネーション
- ハードな業務に耐える体力
- 強靭なメンタル

おもな仕事内容

『マンガ家の基本業務は、ストーリーを考え、コマ割りやキャラクターの配置といった大まかな流れを表すネームを作り、絵を描いて締め切りまでに原稿を仕上げること。人によってはアシスタントへの指示出しをすることもあるため、伝達力も求められる。』

画力、構成力、情報収集力にニーズを掴む能力も必要

マンガ家として売れるためには、一部の天才マンガ家を除き、画力やストーリーの面白さはもちろんのこと、トレンドや世の中のニーズを把握する能力も必要。時には運の要素も求められる。マンガ家本人のSNSのフォロワー数は宣伝力に直結するため多いに越したことはない。

Symbolic Person

No 009

マンガ家 出端祐大さんに詳しく聞いてきた！

Profile

マンガ家。漫画誌『イブニング』でキャンプを題材にしたマンガ『ふたりソロキャンプ』を連載中。専門学校在学時から、ふなつかずき氏の元でアシスタントを経験。幼少期は、ボーイスカウトに在籍していた。現在は焚き火のためにキャンプをするといっても過言ではないほどの焚き火ラバー。

〝好き〟なキャンプを描いて、読者に影響を与える喜び

──硬派なキャンパーの厳が、キャンプ初心者の女子キャンパー雫にキャンプの楽しみやノウハウ、マナーを伝える『ふたりソロキャンプ』。純粋に、キャンプマンガのネタってどうやって考えて、どのように描いているのか興味津々なので、出端さん教えてください！

出端　僕のマンガは主人公の厳と雫の物語で、キャンプを題材にしたラブコメディ要素が強いから、ストーリー

の流れが一番重要なんだよね。それに付随して、キャンプのテクニックを入れていく感じかな。話の流れを決めてから参考写真を撮りに行くこともあれば、キャンプしている最中に、ここだったらこの話ができるなって思いつくこともある。キャンプのネタは自由に考えているけど、キャンプのマンガを描いている以上、キャンパーと感覚のズレが生じるのが一番怖い。だからなるべくキャンプに行きたいんだけど……連載のスケジュールもあるからなかなか大変ではあるかなぁ（苦笑）。

――マンガ家さんって深夜までずっと描いている印象がありますね（笑）。アシスタントさんもいるんですか？

出端　今は僕とアシスタント4名で描いてます。アシスタントには参考写真をコマにはめて、それを絵に起こしてもらったり、背景を描いてもらったりしてる。マンガ家さんによってはチーフアシスタントを置いて、大まかな指示やチェックを任せている人もいるけど、今は僕がアシスタントに直接指示出ししている。

――指示出しって、描く力や物語を作る構成力とはまた別の能力ですよね。

出端　実を言うと、そのあたりは、自分のアシスタント時代の経験が生きてるんだよね。マンガの専門学校に通っていた時に、僕の師匠のふなつかずき先生に出会って。そこでアシスタントをやらせてもらって、最終的にチーフアシスタントになったことで、人への指示の出し方を覚えた。これがすごくタメになったんだよね。

――自分がアシスタントで指示される側だったことと、チーフとしてアシスタントを束ねた経験の両方があれば、自分が独り立ちした時に生きてきますね。

2018年から連載がスタートした『ふたりソロキャンプ』。最新刊の9巻が、2021年3月23日に発売。

キャンプイベント『ソロキャンジャンボリー』にて、キャンプメシ選手権の審査員を務めた出端さん。

出端　それに、プロのマンガ家さんがどんな一日を過ごしているのかもわかる。もちろん、絵の描き方や見せ方、コマ割り、コマの中でどういう風に見せると魅力的に描けるのかも学ばせてもらったよ。

――そうやってアシスタントをしながら自分の作品の着想を得るわけですね。

出端　そうそう。僕もアシスタントの仕事をしながら、自分のネームを描いてたよ。3話分の下書きを描いて編集会議に出すんだけど、それはアシスタント業務の合間を縫って描くしかないからさ。

――出端さんがキャンプマンガを描こうと思ったのは？

出端　『ふたりソロキャンプ』は僕にとって2作目で、その前はサバゲーマンガを描いてたんだけど、連載の一歩手前までいったものの結果的に実を結ばなかったんだよね。その次にファンタジーマンガを描こうとしたけど、自分の中でイメージが固まり切らなかった。その時「サバゲーマンガは自分が好きだから描けたわけだから、原点に帰って自分の好きな題材で描こう」って決めてキャ

出端さんの作業場。複数のモニターで作業をしつつ、時にアシスタントへと指示を出す。

ンプマンガに辿り着いたんだよ。タイミングよくキャンプブームが来ていたし、担当編集さんがキャンパーだったのもよかった。同じ方向を目指して作業を進められるし、ネタの引き出しも増えるし。

——出端さんは、ボーイスカウト出身でしたもんね。キャンプマンガを描く、面白さってなんでしょう？

出端　SNSでエゴサーチをすることがあるんだけど、キャンプ経験がない人が僕のマンガを読んでキャンプを始めたとか、しばらくやってなかったけど、久々にテントを張ったとか、そういう声を見つけると描いていてよかったと本当に思う。好きなものを描いて、人の心を動かせたことは喜びになるよね。だからこそ自分の責任として、マナーやルールのような深い部分にも触れていきたいと考えているかな。

——『ふたりソロキャンプ』でマナーについて触れている背景には、そういう思いがあったんですね。

出端　マンガみたいなストーリー性の高い表現だと、キャラクターの感情を乗せやすいし、厳というキャラクターにはそれができるから。直近の話では野営について触れたけど、もしマンガの真似をして事故が起きてもよくないし。「キャンプをやってみたい」と思ってもらえるようなマンガを描いている以上、ちゃんと伝えたい。やるからにはキャンプ業界を盛り上げたいしね。

――マナーやルールの啓発って、伝え方が難しいだけに、マンガというわかりやすいメディアで扱ってもらえるのは、僕ら伝える側の人間としても助かります。出端さんの作品づくりへの思いが垣間見えるなぁ。かっこいい。

出端　マンガ家は夢のある仕事だし、エンタメなんだけど、対読者や作品づくりに関しては真摯にやる。好きなものを仕事にしているっていう側面がある一方で、ビジネスであることに変わりはないし。だから、読む人のことをどれだけ考えられるのかが大事。好きなことを仕事にするとか、好きなことを描こうと思う人は多いだろうけど、継続のためには努力も続けないといけないんだ。読む人がいないと、この仕事は成立しないからさ。

累計発行部数が100万部を突破した記念で作られたブランケット。抽選で100名のファンの手元に届けられた。

インタビューを終えて

作中の主人公の行動と出端さんの姿が重なった

テレビ、YouTube、アニメ、SNS。様々な媒体でキャンプネタが取り上げられ、「キャンプ」を目にする機会が数年前に比べて激増している。キャンパーが増えている一方で、マナーやルールの周知が追いついていない部分もある。そんな中、マンガはライトに、よりたくさんの人にキャンプを伝えられる媒体であるし、そのマンガでマナー問題に触れてもらえるのは非常にありがたい。「キャンプを伝えるマンガ家としての僕の責任」と話す出端さんの男気が、登場人物の厳のそれと重なって見えるインタビューだった。

Work's File №010

YouTuber

キャンパーの心をくすぐるキャンプ動画を投稿！

Data

年収（業界相場）：※本書調べ

0〜∞万円

主な取引先：

インターネット関連会社／広告代理店／出版社／テレビ局／イベント会社 など

生かせる経験：

広告業／映像製作業／インターネット関連業 など

Analysis　必要な資質・技量

- ☑ 独自性の高い企画力
- ☑ 旺盛なサービス精神
- ☑ 写真撮影に関する知識
- ☑ 多彩な演出力

おもな仕事内容

『動画共有サイトのYouTubeにキャンプ動画を投稿し、閲覧数に応じた広告収入を得る仕事。設営、料理、焚き火といった一連のキャンプシーンを動画でまとめるVlogや、ギアのレビュー、キャンプ料理などを撮影して、編集する。企業からのPR動画の依頼もある。』

キャンパーの〝真の欲求〟を見極めることが大切

売れているYouTuberとは、ゆらめく炎をただ見つめる焚き火動画やギアの詳細レビューなど、視聴者の「見たい、知りたい、キャンプへ行きたい」という〝キャンプ欲〟を満たす動画を投稿する人物。登録者数が増えるとテレビ出演や書籍執筆など、仕事の幅が広がる。

Symbolic Person

No 010

YouTuber

ナツキャンプさんに詳しく聞いてきた！

Profile

FunMake所属。2019年秋に開催されたソロキャンプ女王決定戦に出場し、初代ソロキャンプ女王に輝く。著書に『ソロキャンごはん natsucampの「ひとりキャンプで食って飲む」レシピ』。YouTubeチャンネルの登録者数は、9.5万人（2021年2月現在）。

『natsu camp』

よい動画作りのコツは、視聴者と一緒に楽しむこと

——初代ソロキャンプ女王であり、レシピ本も出版されているナツさんですが、そもそもキャンプを始めたきっかけってなんだったんですか？

ナツキャンプ　もともとグランピングカフェの店長をしていて、お客さんへの説明のために取り扱う商品のレビュー動画をYouTubeで観てたの。その時にソロキャンプの動画がおすすめで出てくるから気になって。ひとりでお酒を飲むのが好きなので、おじさんが焚き火しながらお酒を飲んでいる姿を観て「私もやりたい！」っ

移り変わる景色を楽しみながら移動するのが、バイクツーリングでのソロキャンプの楽しみ。

てなった。それまではアウトドアに憧れるインドア派だったけど、キャンプ関係の仕事もしていたのでコツコツと道具を集めて動画をアップし始めたの。

——会社員をやりながらひとりで動画を撮影してアップしていたんですね。

ナツキャンプ　そう。でも、動画を上げているうちに勤めていたお店が閉店してしまって。これからどうしようかなって悩んでいた時に、友だちに背中を押されてYouTube1本でやっていく決心をつけたんだよね。

——収入は動画の広告収入がメインですよね？

ナツキャンプ　うん、YouTubeの広告収入だね。あとはイベント出演とか、YouTubeの月額課金制のチャンネルメンバーシップと、そこでの投げ銭も収入のひとつ。企業からのPR案件もあるかな。

——動画の撮影と編集を自分でやるのって大変じゃないですか。視聴してもらうために、企画を考えたり、トレンドを追っかけたりもしなければいけないでしょうし。

ナツキャンプ　撮影と編集はすべて自分でやっているけど、私は正直、編集が苦手で……。ネタを考えるのもあまりうまくない。今、動画のネタは自分が楽しい方向性になってるけど、もう少し視聴者さんが何を求めているのか、何が流行っているのかを押さえつつ自分も楽しめたら、もっといい動画が作れて、再生回数も伸びるかなって思う。でも、私は単純にキャンプが楽しいからそれを伝えたいし、共感してもらいたいと思ってYouTubeをやっているから。楽しいからやるし、それを応援してくれる人もいるし。

——応援してくれる人がいる反面、YouTubeってコメントが荒れている印象があります。ナツさんはそのあたりのメンタルケアはどうやってますか?

ナツキャンプ アンチの何気ないひと言がすごく大きく感じることがあるのは事実。言い返したり持論を熱く語ったりしてコメント欄を荒れさせることもできるけど、反論してもいいことはほぼないの。それだったら楽しんでくれている人を優先して、一緒に楽しめるようにするのが絶対いい。荒れた時は所属している事務所のクリエイターさんと共有したり、友人と喋ったり、飲んだりして解消してますね。アンチでヘコんだ時こそ、メンバー限定のライブ配信とかで慰めてもらってる(笑)。

——ファンコミュニティの作り方みたいな話ですね。参加者の皆さんも、ナツさんがそうやって愚痴を言うことに喜んでくれたり、励ませることに喜びを感じていたりするわけで。そういうところも含めてキャンプのエンタメ化というか、キャンプという遊びの共有というか。

ナツキャンプ そう、エンタメ。私の中では、みんなを楽しませたいというか、一緒に楽しみたい! って感じ

でやってるの。

——ナツさんの動画ってすごく楽しそうですよね。だから観ている側も楽しくなるし、応援したくなる。何がそこまでナツさんをキャンプへ突き動かすんですか？

ナツキャンプ　なんでこんなにハマったんだろう？　って思い返してみたら、インテリア、お酒、移動、運転、肉や料理とか「好き」のパズルのピースが知らないうちにハマっていった感じがする。ひとりで飲んだり、全部独り占めできるからソロキャンプは贅沢で、自分へのご褒美でもあるし。キャンプを始めて、小さなことも幸せだなって思うようになって、優しくなった気もする。

——それが今や仕事になりましたよね。テンマクデザインとのコラボアイテムも発売されたり、レシピ本を執筆されたり。

ナツキャンプ　未だに信じられない。最初は、ただの一般人がキャンプ動画をアップしているだけって思っていたから。登録者が2万人くらいになって事務所の方に声をかけてもらって、事務所に所属しているＹｏｕＴｕｂ

erさんとお話しする中でモチベーションが上がっていって、インフルエンサーとしての自覚が少しずつ出てきた。今後もキャンプに携わっていけたら自分も成長できるし、町おこしとか地方創生とか地域のためにも貢献できる事務所だから、キャンプを通して自分がそういった活動の役に立てたらいいかもって。

――事務所に所属して活動の幅が広がっていますよね。今後の活動の予定は？

ナツキャンプ　私は、女子キャンプの先駆者であるこいしさんがテレビ番組の企画で「ひとりキャンプの世界」に出演されているのを観て、すごく背中を押されたの。女子キャンプを世に広めたこいしさんが憧れだし、だから私は、YouTuberの中での女子キャンプの第一人者みたいな存在になりたいって思う。

キャンプのロケーションは、海や湖畔沿いが好み。今後はアウトドアアクティビティにも挑戦する予定。

インタビューを終えて

キャンプの楽しさを人とシェアする時代に突入

キャンプ好きな芸人さんを筆頭に、ここ数年のキャンプブームを牽引しているといっても過言ではないキャンプ系YouTuberの皆さん。「キャンプのエンタメ化」と自分で言ったけれど、もともとキャンプはエンターテインメントであり、娯楽のうちのひとつ。ブーム以前は、自然の中、慣れない環境でテントを張り、火をおこし、自分で遊びを作り出して、その喜びを自己完結するものだった。それが現在は、その楽しさを他人と共有できる喜びが、キャンプの価値に加わったのだろうと思う。SNS時代らしい、新しい価値観だ。

Work's File №011

ライター

キャンプを〝文章〟で伝えるプロフェッショナル

Data

年収（業界相場）：※本書調べ

100〜600万円

主な取引先：

出版社／イベント会社／インターネット関連会社 など

生かせる経験：

出版業／広告業／ブロガー など

Analysis 必要な資質・技量

- ☑ 自力でネタを見つける力
- ☑ 学び続ける意欲
- ☑ フットワークの軽さ
- ☑ 客観的な視点

おもな仕事内容

『文章でキャンプを伝える仕事。カメラマンや編集者と取材をして、原稿を作る。ギアレビュー、イベントレポート、旅のコラムなどライター内にもジャンルがある。フィールドに出ることも多いが、原稿を書くためにパソコンと向き合っている時間もそれなりに長い。』

編集者視点も併せ持てばより需要のある書き手に

現場で重宝される人は、カメラマンへの撮影ディレクションや誌面の構成イメージを編集者と共有できる、編集視点を併せ持つライター。撮影場所となるキャンプ場への連絡や撮影許可申請などまでこなせるとよい。当たり前だが、原稿の締め切りを守ることが信頼関係の構築につながる。

Symbolic Person

No 011

Profile

アウトドア情報を届けるラジオ番組FMヨコハマ『ザバーン』の元ディレクター。番組作りを通して、キャンプやアウトドアの楽しさに目覚め、アウトドア業界に転身。ライターとして雑誌『ガルヴィ』や『GO OUT』のWEB版などで執筆している。

ライター

三浦晋哉さんに詳しく聞いてきた！

未知の取材対象と読者を繋ぐことが一番のやりがい

――三浦さんは、ライターの前にラジオのディレクターをされていましたよね。それがなぜライターになられたのか。ディレクターとライターに共通点はありますか？

三浦　アウトドアがテーマのラジオ番組をやっていたら、アウトドア関係者の人脈も増えてきたんだよ。アウトドアって、年を取れば取るほどいぶし銀の深みが出てかっこいいじゃない？　そういう人たちと仕事がしたいと思った。ラジオは言葉だけで伝える世界で、DJが話す内容は放送作家やディレクターが台本を書いているから、「書く」ことには慣れていたしね。ラジオを辞めて、番

「なんでも自分で体験してみる」がモットーと話す三浦さん。キャンプの取材中に四輪バギーに挑戦。

組で繋がりがあった雑誌『ガルヴィ』で、アウトドアが教育にもたらす意味についていろんな人に尋ねる「アウトドア教育学」をテーマに連載を始めたのが最初の大きな仕事。もっとも、ライターとしては基礎を学んだわけでもないから、やりながら仕事を覚えた感じだったね。

——僕も三浦さんと同じでやりながらライターになったんですけど、ライターって師匠についたり講座に通ったりとか、そういうのってあまりないですよね？

三浦　そんな聞かない。カメラマンやスタイリストはアシスタントから、編集者は出版社に勤めて見習いしてっていう流れがあるけどね。ライター講座はあっても、大事なのは文章が書けることだけじゃないから。もっと違う部分の、アウトドアへの愛や情熱があることが大事で、文章は基本的な誤字脱字がないとか、わかりやすく伝えられる人だったらそんなにハードルは高くないと思うんだよ。自分の周りを見ると、元レコード会社の人やモデルもいて、アウトドアが好きで、たまたまそれを表現する手段が文章だった人がライターになっている。

——いろんな経歴の人がいるし、だからこそ、わりと道は開かれているのかなって思うんです。もちろんすぐに紙媒体でライターをやるにはハードルがありますけど。

三浦　紙は大変かもしれないね。ＷＥＢで面白い記事を書いて、声をかけてもらうって流れがいいし、それは実際にあると思う。常にライターは求められているから。

——でも、ＷＥＢと紙媒体だと、ちょっと違うところがありますよね。

三浦　紙は最後まで読まれることを前提に書いているけ

ど、WEBの場合は、途中で離脱されるかもしれないから、オイシイところを前に持っていくとか、テクニカルな違いはある。けど、文章を書くっていう意味で大きな違いはないかな。どちらもメディア＝「媒体」の一員であり、メーカーや取材対象者と読者とを繋ぐ役というのは同じだから。そこの繋ぎが潤滑になるような「文章」を書く役割をライターは担っている。だから、自分は読者の気持ちはもちろんだけど、作り手の気持ちやキャンプ場の気持ちとかいろんなことを想像、配慮して書くことを大事にしているかな。それにプロのライターと名乗るからには、読んだ人の安全性も大切。危険や安全に関する知識と発信の仕方をしっかりと持っていることは大事だし、個人的には常に自然に対するリスペクトを忘れちゃいけないな、とも思っている。

――どちらの感覚もわかってないといけない。

三浦　例えばギアだと、実際に使うキャンパーの気持ちにもなれて、作っているメーカーの気持ちもわかったうえでうまく提示していく。メーカーが商品ページに載せ

ている情報と、ユーザーが知りたい情報が乖離してたり、メーカーの情熱や匠の仕事がユーザーに伝わっていないなと思うことも多いからその溝を埋めたいなと。

――メーカーさんもプロの書き手ではないですしね。

三浦　それをユーザー視点で「こういう時に役立ちそう」と直感でわかるように紹介してほしいって依頼があったら、それができるのはやっぱり文章で伝えるライターだから。そうした依頼をメーカーさんからもらったり、自分が書いたことで商品が売れたりすると嬉しいよね。まだあまり知られてないだけで、実はすごくいいギアを見つけたぜ！　っていうのを伝えられるのも、この仕事の面白さだし。

――ライターってそう考えると、キャンプ業界の縁の下の力持ちなのかもしれないですね。

三浦　取材対象と読者を繋いでいるわけだから、まだ売れてないものや、ひとりでやっているような小さなブランドのものだったりするほど、やりがいがあるよね。だからメーカーの人に会えるのは貴重な機会だし、展示会

は絶対に行くようにしてる。展示会って忙しい時にやるんだけど、やっぱり作った人の話は聞かないといけないかなって。

——足を使って取材して、それを文字にして世に伝えて。

三浦　取材を通して、なかなか個人では会えないような人と接することができるし、フィールドに出ることも多いから素敵な景色にも出会える。アウトドア教育学の取材では、アウトドアが子どもに与える影響や、焚き火を囲んで経営会議をやると普段は出てこないアイデアが出てくる、なんて話を聞いたりもした。アウトドアは本当に素晴らしいし、自然の中で遊ぶ人が増えたら間違いなく世の中、社会、個人がよくなるなって思ってる。おおげさかもしれないけど、自分はそれを背負ってやっているつもりだよ。

イベント取材中の一コマ。アウトドア好きな子がもっと増えたらいいなと思い、取材を続けている。

インタビューを終えて

日本語が書けるだけではライターにはなれない

「文章なんて誰でも書けるから、ライターは簡単になれる」という話をたまに耳にする。それは正しくもあり間違いでもあると思う。基本的な日本語の読み書きができればライターとしての職能は必要充分なのかもしれない。しかし、この仕事は、ただ単純に正しい日本語で事象を文章化するだけの仕事ではない。取材対象者の思いや強み、歴史などを汲み取って咀嚼し、読者に対して最適な表現で伝える。ライターは、キャンプ業界を陰で支える仕事。地味だけど、キャンプ業界の縁の下の力持ちのひとりなのだ。

Work's File No 012

WEBライター

カメラ片手に取材&執筆。SNSで記事拡散!

Data

年収(業界相場):※本書調べ

100〜300万円

主な取引先:

インターネット関連会社/広告代理店/出版社 など

生かせる経験:

出版業/広告業/ブロガーライター/インターネット関連業 など

おもな仕事内容

『WEBメディアでキャンプに関する原稿を執筆する仕事。紙媒体とは違って文字数の制限がゆるく、時にライター自身が写真撮影も行う。ブログで文章力を磨き、WEBライターにステップアップするのが王道。記事公開後は、SNSでの拡散力も期待される。』

高い信頼性と情報拡散力はWEBライターの両輪

売れっ子のWEBライターは、企業のPR案件を任せられる信頼性のある書き手か、記事公開後にSNSでの拡散が期待できるインフルエンサータイプの2種類。前者は紙媒体での執筆経験があるようなベテランに多く、後者は、個性を武器に、たくさんのフォロワーに支持されているタイプ。

Analysis 必要な資質・技量

- 効率よく情報を集めるスキル
- SNSを使いこなす知識
- 顔出しをいとわない度胸

Symbolic Person

No 012

WEBライター
みーこパパさんに詳しく聞いてきた！

Profile

キャンプのお役立ち情報を発信するWEBメディア『ハピキャン』や企業のオウンドメディアにて記事を執筆するWEBライター。ブログ『ファミリーキャンピング』を運営。IT関連の仕事を本業としつつ、副業でライターに。

『ファミリーキャンピング』

趣味と実益が兼ねられることが最大のメリット

――近年のキャンプの盛り上がりとともに、WEBでキャンプの記事を書くライターさんへのニーズが急上昇しています。僕もWEBで文章を書かせてもらっているひとりで、もともとはブロガーから始まって、WEBメディアで書かせてもらえるようになった経緯がありますが、みーこパパさんも同じような流れですか？

みーこパパ　私もブログをやっていますが、メディアの担当者から「記事を書かないか」という問い合わせが来て、試しに書いてみたのがWEBライターの始まりです。

――ブログとの違いや面白さってなんでしょうか？

みーこパパ　今記事を書かせてもらっている『ハピキャン』だと、メーカーさんへの取材や展示会に行くことでいち早く新商品を知ることができるのは、とてもありがたいですね。それは個人のブログではなかなかできないことです。それと、自分が書いた記事がWEBメディアの中に形として残ることが面白いなって感じたんです。

――個人でたどり着けないところに行けるのは、まさしくメディアで書く最大のメリットだと僕も思います。それでいて、原稿料としてお金もいただけますし。

みーこパパ　この仕事は、趣味と実益が兼ねられるのがいいところだと思うんです。私は本業が他にあって、副業として記事を書かせてもらっていますし。

――僕が思うに、WEBライターってキャンプを仕事にするうえで始めやすい部類の仕事なのかなって思うんです。最近はアウトドアを取り扱うWEBメディアがたくさんあって、需要が多いです。それに資格も必要ないし、WEBなので紙媒体と違って締め切りがギリギリで設定されていることもありません。そういう点でも、本業をやりつつ週末に原稿を書くとか、やり方はいくらでもあるのかなって。みーこパパさんは、WEBメディアで書くにあたって気を付けていることはありますか？

みーこパパ　例えば、商品レビューの場合は単なるレビューではなくて、こういうところはいまいちだけど、こうしたら改善できるとか、最終的にはプラスの方向で書くようにしています。キャンプもそうですけど、ユーザ

『ハピキャン』にて、みーこパパさんがギアを紹介する特設ページが設けられおり、オリジナルアイコンもある。

ーの使い方やアイデア次第でどうにかなることはたくさんありますから。あとカタログに書いてあることそのまましゃなくて、それを1回受け止めて、自分なりの言葉で考えたうえで他の人が気付かないようなところを補足したりも。写真と原稿をセットで依頼されるケースも多いのですが、説明書にある写真とは違う、それを補足するような写真を心掛けてますね。

――かゆいところに手が届いているというか、細かいところまで気にされているんですね。それゆえ、みーこパパさんが信頼されて仕事が回ってくるんでしょうけど。

みーこパパ　ブログのほうがスポンサーとか気にせず何でも書けますけど、WEBメディアだと当然ながら原稿料をいただいてますし。他に気を付けているとすれば、文体が硬くなりすぎないようにはしていますね。

――面白さやキャッチーさも大事ですよね。WEBは紙と違って面白くないと思われたら、すぐに離脱されて記事が読まれなくなってしまう。そのあたりの感覚はブログと同じでしょうか。今はいろんなWEBメディアがあ

っていろんなライターさんがいますが、これから始めようと思う方に何かアドバイスできることはありますか？

みーこパパ　自分が経験したキャンプやアクティビティを生かして書くのが近道だと思います。初心者の人でも初心者ならではの視点で書けば、それが価値になります。だから、ライターを募集しているメディアにはどんどん応募したほうがいいんじゃないかな。やっていく中でメディアの特性と自分に合ったところを見つけて、そこで続ければいいと思います。

——ギアに特化したメディアやキャンプに限らず、アウトドア全般を取り扱うメディアなど、媒体によって個性がありますからね。当然ながら相性のいいところと仕事したほうが、やりがいに繋がりますし。

みーこパパ　私はギアレビューや新商品紹介系の記事が多いですね。自分の記事を読んでもらって反響をいただくとすごくありがたいですし、それがやりがいになります。私が発信した情報が役立ったことの具体的な報告をコメントでいただけるのは、アクセス数より嬉しいです。

――自分が書いた文章で他人の行動にポジティブな影響を与えられた時の喜びはよくわかります。WEBはSNSやコメント欄を通じて、発信の反響が可視化されやすいですもんね。最後に、みーこパパさんの今後の展望を教えてください。

みーこパパ　日本半周や縦断といった長期のキャンプ旅をやってみたいと思っています。フェリーの乗り方から始まって持ち物や泊まった場所、食べたものなど、あらゆるモノやコトが記事のネタになるかもしれませんし。もちろん編集者の方と相談はしますけど。

――まさしく趣味と実益を兼ねている。駆け出しのライターでは難しいと思いますが、日々の積み重ねで記事をしっかりと納品して、編集者の方と信頼関係が築けていたら、そんなことも可能なんでしょうね。

購入したばかりのキャンパー注目のHonda『ハンターカブ』。話題性があるものは記事のネタにできる。

インタビューを終えて

WEBライターの役割は急速に広がってきている

文章を書くことに抵抗がない人にとってWEBライターは、キャンプを仕事にするうえで挑戦しやすい職業である。最初は1記事あたり数千円程度から始まるが、徐々に実績を積み重ね、独特の切り口やSNSでの反響、PV数などで他のライターと差別化をして、単価を上げていければそれなりに稼げるようになる。WEBで名を上げて、紙媒体へと活躍の場を広げるのもよい。僕の実感として、紙媒体よりもWEBのほうが原稿料が高くなってきている傾向にあるが、紙は紙でモノとして残ることに感慨深いものがある。

Work's File No 013

インスタグラマー

思わず"いいね"したくなる写真で世界観を作る

Data

年収（業界相場）：※本書調べ

100〜600万円

主な取引先：

インターネット関連会社／広告代理店／出版社 など

生かせる経験：

広告業／出版業／ライター／カメラマン／デザイナー／インターネット関連業 など

Analysis 必要な資質・技量

- ☑ トレンドに即反応する感度
- ☑ 写真撮影の技術
- ☑ 優れた美的センス
- ☑ 飽くなき探究心

おもな仕事内容

『画像共有サービスのInstagramに、ギアや料理、風景など、キャンプシーンの写真を投稿。発信者の世界観に共感したフォロワーへの拡散力を期待され、企業からの依頼を受けてPR投稿をして収入を得る。単価は、フォロワー数に応じて決まる。』

収入を増やしたいなら発信し続けること

フォロワー数が収入に直結する仕事。仕事の依頼主は、商品購入や認知向上などの成果を求めるため、フォロワーとの関係性にまで着目してオファーしてくることもある。憧れ、親近感、テーマ性など、他の人とは違う特色が必要であり、発信し続けている人にフォロワーが集まる。

Symbolic Person

No 013

インスタグラマー YURIEさんに詳しく聞いてきた！

Profile

インスタグラマー。事務職や服飾雑貨のデザイナーを経て2018年に独立。Instagramのフォロワーは約8.1万人（2021年3月現在）で、キャンプ系では突出して多い。著書に『THE GLAMPING STYLE YURIEの週末ソトアソビ』（KADOKAWA）がある。

見ていて「気持ちいい！」と思えるページを作りたい

――YURIEさんのInstagram（以下、インスタ）の初投稿っていつですか？　キャンプが投稿のきっかけなんですか？

YURIE　シューズブランドのプレスアシスタントをやっていた時にインスタを知って、2012年頃から始めました。キャンプは2014年からで、その頃のフォロワー数は5000人くらいかな。キャンプに興味を持ち始めたのは、職場の先輩がコンビニに行くくらいのテンションで「週末はキャンプ行こうかな」って言っていたことに驚いたのがきっかけ。一度行ったら一気にハマ

2014年、初めて買ったテントを試し張りした際の画像をInstagramに投稿。

って毎週末にキャンプに行って、撮った写真をインスタにアップしてって感じで。

――平日は会社員で、週末はキャンプして写真をアップして。どのタイミングで会社を辞めて独立しようと決めたんですか?

YURIE　インスタが流行ってユーザー数が増えてきたら、DMで仕事の依頼が来るようになったんです。初めての仕事は2016年の自動車関係の仕事で、当時のフォロワー数は3万人くらいでした。それから世の中がインスタグラマーに仕事をお願いするような流れになっていったんじゃないかな。会社員としての仕事も、インスタでもらう仕事も、どちらも楽しいから続けたかったんですけど、忙しくなってキャパオーバーになってしまって。どっちかにしなきゃって思った時に、私は楽観主義なので会社員を辞めました(笑)。

――ある程度、収入が見込めていたわけではなく?

YURIE　なかったです。世の中の流れもあって、いい波に乗ってるし、大丈夫じゃんって。仕事が来なくなっても死にはしないし、バイトでもなんでもすればいい。悩む時間がもったいないし、失敗は経験になるけどやらないと失敗できないから。失敗はしたほうがいいんです。

――わかります。僕も会社員を辞めてキャンプの世界に足を踏み入れた時は、完全に勢いでした。博打のように思えるかもしれないし、うまくいくかはケースバイケースで成功の保証はないんですけど、やらないことには始まらない。YURIEさんって発言からもわかりますが、すごく前向きですよね。インスタの投稿も全部楽しそうで、いかにもPRっていう投稿がないなって。

YURIE　そもそも楽しいことで生きたいから会社を辞めたのに、PR投稿を狙ってたらつらくなっちゃう。楽しくなきゃ意味がないんですよ。それに私、写真を撮るのが好きなんです。投稿する順番を決めて、ページを作って、自分のインスタの編集長みたいな感じなんです。

――見る側の目も肥えてきたからこそ、自然体で楽しんでいる投稿に惹かれるんだろうなぁ。これだけフォロワー数がいると事務所に入る選択肢もあったのでは？

YURIE　そんな話もあったけど、内容があまりよくなくて。私の場合「PR投稿を今日載せて」とか言われても困るんです。投稿の並び順にもこだわりがあるから、まだ順番じゃないのにと思ってしまう。宣伝の投稿ばかりが続くのも嫌だし。PRは親和性があってみんなにも興味を持ってもらえるものならいいけど、それも続かないように調整しています。

――自分の世界観で並べるのと、見てくれている人にメリットがあるかの、そのバランスの見極めって？

YURIE　見ていて〝気持ちいい〟かどうか、ですか

ね。例えばスタイリングばかりとか同じ種類の写真が続くと退屈なので、景色や動画、違う色合いの写真を挟んだりして。自分のページに訪れた時に気分がよくなってほしいし、気持ちいいものにしたい。最初は自己満足でやっていたけど、みんなのおかげでできている仕事は多いし、私は見る側の立場にもなりたいんです。

――自己満足じゃなくなったきっかけはあるんですか？

YURIE　私のインスタを見て外遊びをするようになったフォロワーさんの話を聞いて、自分だけのものじゃないんだって気付かされたのがきっかけかな。

――なるほど。YURIEさんのアウトドアブランドとのコラボウエアもインスタにたくさん投稿されていて、盛り上がっていましたよね。

YURIE　私が「買ってくれてありがとう」なのに、買ってくれた人が私に「作ってくれてありがとう」って言ってくれて。なんてハッピーな輪なんだろうって思いましたね。プロデュースとかコラボレーションの仕事は、発信ありきでの依頼が多いけど、面白いことに自分が作

ったものでもPRするものでも、自分が本当にいいと思うものじゃないと効果が出ないんですよ。

――一般的なインスタグラマーの仕事は商品のPR投稿をすることですが、もはやその域を超えていますね。コラボレーションなどの仕事も含めて、YURIEさんがインスタで発信する理由ってなんなのでしょうか。

YURIE　アウトドアのプロになりたいとかそういうのはなくて、私自身が職場の先輩に出会えてキャンプがすごく楽しかったから、その先輩みたいな人になりたいんです。キャンプって楽しいから、私がきっかけでキャンプを始めてもらえたら休日の過ごし方も変わるし、その人の人生も変わるじゃないですか。やっぱり、キャンプっていう楽しいことへのきっかけや入口になりたいと思って、私はインスタをやってますね。

感性の趣くままに直感で購入を即決した愛車のサンシー号。ボディの塗装はYURIEさん自らが手がけた。

インタビューを終えて

楽しみつつ、楽しませる そのバランス感覚に脱帽

YURIEさんはインタビュー中、しきりに「自分が楽しいかどうかがまず大事」だと話していた。一方で「見てくれている人にも楽しんでもらいたくて写真を投稿する順番を考えている」とも話す。一見すると相反しているが、その絶妙なバランス感覚はYURIEさんの感性であり、なかなか真似できるものではない。しかし、YURIEさんの感性を真似するのではなく、自分なりの「楽しい」と「見る側の楽しい」の交わる場所を見つけることが大事であり、そこにこそ価値が生まれ、仕事に繋がるのだろう。

COLUMN 1

リッチコンテンツを武器に新風を。テレビマンがキャンプに見た可能性

「テレビとWEBを連動させ、キャンプを軸にした複合型メディアを作り上げる」プロデューサー大西氏が描く、キャンプとテレビの幸福な関係とは？

数年前からテレビでキャンプを見かける機会が急増した。番組でもＣＭでも、あらゆる時間帯において、タレントや芸人がキャンプを楽しむ様子が放送されている。キャンプブームが起こる前には想像もつかなかったことだ。そんな中、芸人・おぎやはぎの２人が様々なキャンパーからキャンプの楽しみ方をプレゼンされる番組『おぎやはぎのハピキャン』が２０１９年4月に誕生した。同番組は1回限りの特番ではなく、年間を通して放送されるレギュラー番組で、さらには〝ＷＥＢメディアと連動〟もしているという。正直、理解が追いつかない。「テレビとＷＥＢメディアの連動」とは、一体どういうことだ？

「僕の使命は、既存のテレビとは異なるビジネスを作り出すこと。実は僕は、番組を作る部署ではなくコンテンツビジネスを立ち上げる部署に所属しているんですけど、やっぱりプロパーのテレビマンだから番組も作りたかった。だから、どうやったらそれを両立させられるのかを考えていました」と話すのは、『ハピキャン』の仕掛け人である名古屋テレビのコンテンツプロデューサー・大西真裕さんだ。

インターネットの広告費がテレビの広告費を上回った２０１９年。そんな時代背景からテレビ業界も新たな道を模索する中、ＷＥＢメディアの立ち上げを計画し、構想は前に進んだ。大西さんがその構想の主軸にキャンプを選んだのには、理由がある。

「キャンプは〝環境〟だと思ったんです。野外というシチュエーションに車や料理といったいろんなコンテンツを入れ込めて、楽しみ方もたくさんある。もっと言えば、キャンプにはライフスタイルになりうるポテンシャルがあるとも感じた。ＷＥＢメディアのテーマとして発展性があるのは大きな魅力でした」。

そうして、キャンプメディアの『ハピキャン』が立ち上がった。メインとなるＷＥＢメディアでは、キャンプ初心者に向けた情報記事を発信。同時にキャンプを扱ったテレビ番組も制作し、ロケに同行したＷＥＢ取材班がそのロケの様子すらも記事にする。テレビ局だからこそ実現可能で、他のメディアと差別化ができる〝超〟リッチコンテンツを武器に、大西さんは事業の垂直立ち上げを目指した。

それでも1年目は計画通りの閲覧数や収益には至らず、模索が続く。そこで2年目に打った次の一手が、過去に放送した番組をＹｏｕＴｕｂｅにアップすることだった。「チャレンジだったし批判的な意見もあったけど、実際やってみたら効果がすごく高かった」と大西さんが言う通り、この施策は奏功。最新作は地上波で放送し、動画配信サイトで見逃し配信、そしてＹｏｕＴｕｂｅでアーカイブするサイクルができあがり、かつＹｏｕＴｕｂｅを視聴した人たちがＷＥＢメディアやテレビ番組を閲覧する循環も生まれたのだ。

もっとも、『ハピキャン』がＷＥＢメディアとしては後発であることに間違いはない。同サイトが立ち上がった２０１９年はすでにキャンプブーム真っ只中で、キャンプの情報は雑誌にしろＹｏｕＴｕｂｅにしろブログにしろ、すでに世の中にあふれて

PROFILE

大西真裕

アウトドアメディア『ハピキャン』事業マネージャー

現在はコンテンツビジネス部に所属するものの、過去には放送技術者、カメラマンとして番組を制作してきた、叩き上げのテレビマン。キャンプをビジネス視点で捉える一方、プライベートでもキャンプに魅力を感じた一児のパパ。

いた。ただ、それらのメディアには、「購入」や「検索する」といった自分の意思がないとたどり着けない弱みがある。そこにこそ、テレビの強みが生きる。テレビの電源さえオンになっていれば、放送されている番組を受動的に目にするからだ。

「テレビ番組はマス向けです。オートキャンプ人口は約８６０万人と言われているけど、これはテレビ的には小さいパイかもしれない。ただ、テレビではその８６０万人以外にも向けて放送している。だからキャンプを知らない人でも楽しめる作りにしているし、テレビ的にはそちらの視聴者のほうが大事なんです。もうひとつ、コンテンツビジネスとしては題材はニッチなほうがいいんです。その点で今の『ハピキャン』は、マスとニッチがうまく組み合わさってきている」。

テレビではマスに向けて放送し、興味関心を持った人をＷＥＢで拾い上げる。複合型メディアと呼ばれる、ユーザーを立体的に捉えられる仕組みが機能するよう、大西さんは奮闘を続けていくことになる。

「先に話した通りキャンプは環境だから、防災やＤＩＹ、車や住宅を絡めても、企画としてもビジネスとしても成立する。まだまだコンテンツの厚みは増やせそう」。

テレビというマスメディアでキャンプ業界に新風を吹き込む大西さん。数年前までキャンプの情報収集は雑誌かブログのほぼ2択だった。テレビとＷＥＢ、ＹｏｕＴｕｂｅが連動した複合型メディアが、キャンプをさらに面白い方向へと導くことに期待したい。

リッチコンテンツを武器に新風を。
テレビマンがキャンプに見た可能性

遊びが仕事で
癒やしがボーナス
キャンプ
職業案内

I want to work at job related to camping!

第(2)章 ショップ編

Symbolic Person

№ 014

№ 017

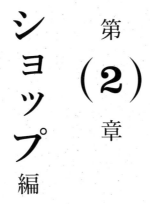

第(2)章 ショップ編

アウトドアショップのスタッフという職種には、キャンプ好きを惹きつけるたくさんの魅力がある。まず、最新モデルを含めた多種多様なキャンプギアに常に囲まれながら仕事ができるという喜び。メーカーの担当者から製品の特徴を聞いたり、現物に好きなだけ触れたりできるのは、まさに至福だ。加えて、自分と同じようにキャンプを愛するお客さんと接して、キャンプについてたっぷりと話せるのも嬉しいポイントだろう。そんなショップ店員になるには、大きく分けて2つの道がある。ひとつは、量販チェーンなどの企業に就職する正攻法。高い競争率をくぐり抜けて社員になれれば、夢を叶えながら快適な職場環境と安定した収入を確保できる。ちなみに業務内容は店頭に立っての接客だけではない。総務や経理といった店舗運営の裏方に回ることもあるし、キャリアの過程ではバイヤーや仕入れ担当など、

直接お客さんと接することのない業務に就く可能性もある。
ただ、担当業務がなんであれ、そこにはショップの一員として
「キャンプでメシを食っている」という確かな実感があるはずだ。
もうひとつ、確実にショップ店員になるための手段として、
自らお店を立ち上げて、経営者兼店員になるというプランがある。
もちろん、多額の起業資金を工面する必要があるし、
サポートしてくれるスタッフの確保や人件費の捻出、
競争相手である大手チェーンとの差別化も重要になってくる。
なにより経営者である以上、やるべきことは山積みで、
「キャンプグッズに囲まれる幸せを噛み締めるヒマがない」
といった側面もあることは否めないだろう。
でも、自分の裁量でこだわりのアイテムを厳選して販売し、
自分の城であるお店に訪れるキャンパーたちと
距離の近いコミュニケーションを取れる毎日に、
大きなやりがいを感じるに違いない。

Work's File No 014

個人経営系ショップオーナー

大手ショップとは一線を画す視点で差別化

Data

年収（業界相場）：※本書調べ

300〜600万円

主な取引先：

アウトドアメーカー／出版社
イベント会社／広告代理店 など

生かせる経験：

小売業／サービス業／製造業／
デザイナー など

おもな仕事内容

『メーカーや輸入代理店からキャンプ道具を仕入れ、販売する小規模なアウトドアショップ。仕入れ、接客、売上管理、情報発信、メディア対応などの業務を少人数でこなす。独自性の高いセレクトやコンセプトで大手ショップと違いを生み出し、活路を見出す。』

企画力と情報発信力が成功するための武器となる

人気の高い個人経営のショップには、わかりやすい特徴がある。その独自性はオーナー自らがオリジナルアイテムを開発したり、ショップ限定のメーカー別注品を企画したりすることで表現される場合が多い。加えて、それらの特徴をユーザーに届ける情報発信力も欠かせない。

Analysis 必要な資質・技量

- 大胆な行動力
- 独自の情報発信網
- クリエイター的な思考

Symbolic Person

№014

個人経営系 ショップオーナー 菊地大二郎さんに詳しく聞いてきた！

Profile

山形県山形市に店舗を構えるアウトドアショップDECEMBERの店主。2009年に開業。若かりし頃は芸術家を志したクリエイター肌でありながら、休日は季節によって行き先を変えて自然を楽しむ生粋のアウトドアマン。2018年、東京の目黒に2店舗目をオープン。

頻繁な情報発信とオリジナル商品で「ウリ」を作る

――菊地さんのお店であるDECEMBERは山形県山形市にありますけど、ズバリ聞きたいのは、地方で小規模なアウトドアショップを成功させる秘訣です。

菊地　うちは6坪ほどの本当に小さな規模ですけど、こうしたショップが生き残るにはまず、情報発信が大切だと思います。今ならインスタグラムですかね。お店を始めた12年前はブログを一生懸命にやっていて、それを見

山形駅から５kmほどの場所にある山形店。雑貨店のような佇まいのためか、素通りしてしまう人も多いとか。

て来店される方が結構いたんです。メディア取材もブログ経由でオファーが来て、その時嬉しかったのは「本気で遊んでいる写真が、洗練されていてかっこよかった」と言われたこと。それで、このお店のウリが決まりましたね。

――DECEMBERさんのインスタグラムを見ると世界観があるというか、心に響く写真が並んでいるから、思わずそのまま買ってしまいそうになります（笑）。

菊地　うちはメーカー品の仕入れに関しては定番モノをセレクトしていて、オリジナルの品は僕がデザインしているブランドDAISのみなんですね。それにもかかわらず、他のところでも販売されているメーカー品をなぜかうちで買ってくれる人がいる。

――一般的には、ネット通販や大手ショップでポイントを付けて買ったりしがちですけど。

菊地　お客さんの中には、必ずしも安さを求めていない人、お店の雰囲気がいいなと思ったら、そのまま買ってくれる人が、一定数いるのかもしれないですね。

――個人でお店をやるなら、そうしたお客さんを狙わないと難しいですよね。東京の目黒にも出店されましたけど、そちらも同じような傾向ですか？

菊地　これも面白くて、目黒のほうが地元密着な感じがするんですよ。山形のお店は出張のついでとかで全国から来店されるけど、目黒は割と近所の方が来る。東京って、たまに町中に小さな登山道具店があるじゃないですか。そういうところも地元の常連客で成り立っているんじゃないかな。とはいえ、まぁやっぱり東京なので、もちろん山形よりは家賃が高いですし、ビジネス的にうまくやらないといけないとは思いますけどね。

――ビジネス的な話でいうと、目黒店も含め、オリジナルアイテムの売り上げ構成が大きいんですかね？

菊地　はい。うちはオリジナルが売り上げの8割近くになるので、ここまで続いているのはDAISと、仕入れ商品のカスタムで他店と差別化できたことが大きい。それがないとこの規模と商品数では無理ですよ。

――僕、DAISのティーテーブルを愛用しているんですけど、ウッド材の中に磁石が仕込まれていて、それがカチッと組み合わさるギミックが好きです。

菊地　あれは自分の中でも一番の自信作ですね。素材も、アイデアも生きている。オリジナルのアイテムは、簡単に言えば面白い商品で、あまり奇をてらわず、流行り廃りを意識しないようにしています。

――まさしくギミックが面白くて気に入っています。カスタム品でいうと、トランギアのメスティンの蓋やケトルのカラーなどをカスタムされていますね。

菊地　昔のトランギアの赤いデザインが好きだったんで、

試しに塗ってみたらよくできたんです。おかげさまでカスタム品もご好評いただいてますね。

――仕入れは、最初からツテがあったのですか？

菊地　いやいや、ゼロからのスタートです。初めは仕入れってどうしたらいいんだろうと思いましたけど、単純な話、聞けばいいだけだなって。メーカーによっては実績がないと卸せないと言われたこともありましたけど。

――実店舗がないと取り引きできないメーカーさんも昔はありましたよね。

菊地　もちろんこの時代ですから、オンラインの売り上げも大きいですけどね。個人的には、モノを売るには実店舗があるのが自然なのかなって思います。それに実店舗を構えているとお客さんが来てくれて、会話から次のモチベーションを得られたりもしますから。それはオンラインにはないメリットですよね。

――DECEMBERみたいな規模のお店って、どのくらいの初期投資で始められるものですかね？

菊地　賃貸で契約するなら、初期費用30～50万円、ショ

ップなので商品を仕入れますから、それが150~200万円くらい。山形市って実はあんまり家賃安くないんですよ。

――え、そうなんですか！ 意外です。それでも山形市でお店を続けることのメリットや、今後の展望を教えてください。

菊地 地方のメリットは、自然との距離が近いことですね。遊べる環境があって、遊びのリアリティを伝えやすい。僕は発明的な商品でお客さんを喜ばせたいので、アイテムをデザインする時は、優れたデザインと実用性が両立する、定番となるようなものを作ろうと思っています。自然から学べるものは非常に大きいので、これからは、もっともっと自然の中に身を置きたい。もっと山に近いところに移住したいけど、それでもやっていくことは変えないつもりですね。

DAISのティーテーブルは、メープル材を使用。シンプルながら洗練されたデザインが、自然に馴染む。

インタビューを終えて

実店舗に足を運ぶことのメリットを思い出した

取材のさなか、売り場横の工房でスタッフの方がカスタム品の加工作業をしていた。それを見てふと思ったのが、ガレージブランドをやっている友人のこと。僕もネットでギアを買うことがある。でも、交通費をかけてでも、お店に足を運び、商品を手に取りたいと思うこともある。なぜそれを作ったのかを作り手に直接聞いて購入したいから。この〝手間〟を経ると、作り手の思いがその道具の後ろに見えるようになる。例えお店の規模が小さくても、その思いを聞ける場であることが、実店舗の大きな役割なのかもしれない。

Work's File №015

中古アウトドアギア店買い取り査定人

使われなくなったギアの息を吹き返させる

Data

年収（業界相場）：※本書調べ

400〜800万円

主な取引先：

アウトドアメーカー／個人 など

生かせる経験：

小売業／卸売業／サービス業／製造業／古物商 など

Analysis　必要な資質・技量

- ☑ アウトドアギアへの深い愛情
- ☑ 古いものを大切にする心
- ☑ 高いコミュニケーション能力
- ☑ リペア技術への興味

おもな仕事内容

『ユーザーが持ち込んだギアを査定・買い取りして、販売する仕事。査定するギアは現在もメーカーのカタログに記載されているものから、すでに生産が終了している希少品やヴィンテージ品まで多岐にわたる。アウトドアショップ同様に接客して販売する。』

常連客の心をしっかり掴むコミュニケーション術が不可欠

現場で重宝されるのは、コミュニケーション能力の高い人物。ヴィンテージ品だと、初めて見るものを査定する場合も多く、売り手と積極的にコミュニケーションを取って、ギアの詳細を聞く姿勢も求められる。コレクターから信頼を獲得すると、査定人として指名されることも。

Symbolic Person

№015

中古アウトドアギア店
買い取り査定人

相馬慎太郎さんに詳しく聞いてきた！

Profile

中古買い取り販売を行うトレジャー・ファクトリーに2010年に入社。アウトドアの初期費用の高さに着目して、中古買い取り業態の新設を進言した当人。2014年にオープンしたトレファクスポーツ1号店の店長を務めたのち、現在はアウトドア用品の仕入れを行うチーフバイヤー。

ブランドの歴史まで知り尽くすことが理想

——ギアの査定って面白そうだなって個人的に感じているんです。トレファクスポーツといえばアウトドア・スポーツ用品の中古買い取り販売のお店ですが、具体的にどのような仕事になるんでしょうか？

相馬　僕らの仕事は不要になったギアを適正な価格で買い取り、必要な人の元に届けるという、いわばお客様の品物の価値を再構築することです。査定について言うと、例えばガソリン系の道具であれば見るべきポイントはポンピング、チェックバルブ、ジェネレーターの3カ所。可能な場合はその場で点火して、状態を確認しています。

広く流通しているアイテムだと査定価格のベース資料が社内にあって、メーカーの型番などで品目を特定してから、状態の良し悪しを踏まえて査定します。販売だとテントの立て方をお客様に伝えたり、お客様のギアにどんなテントが合うのかを考えたりする接客対応もしていますね。リユース業態なので、網羅しているメーカーが幅広いのも特徴です。

——僕も最初にお店に来た時ビックリしたんです。現行品のしっかりとしたラインナップに加えて、ヴィンテージ系の品揃えがすごく豊富だったので。

相馬　ヴィンテージギアは、もう手に入らないものの価値をどれだけ引き出せるのかっていうのが醍醐味ですね。古くからあるギアって、大量生産期に移行していく過程で、人の手が入っていたところがどんどん簡略化されているんですよ。例えば現行のランタンの表面には、アイテムの型番が書かれたシールが貼ってありますよね。これをエンボスで打ち込むだけでも型が必要なんですけど、昔のギアはそういうところをわざわざプレスしてたりするんです。素材面でも、今だったらスチールを使うところに真鍮を使っていたりする。そういう細かなところを見ていくと、ヴィンテージギアは面白いです。

——ロマンがある世界ですよね。ギアをいじるのが好きな人とかはこの仕事に向いていますかね？

相馬　そうですね。あとは歴史が好きな人も向いてると思います。例えばヴィンテージの世界で言うと、アメリカはコールマンの歴史が柱としてあります。一方で、ヨーロッパは国が隣接しているから、いろんな広がり方を

コールマンを筆頭に、シアーズ、ヴェイパラックスなど
名だたるヴィンテージ品が並び、見ているだけで楽しい。

していて複雑です。バーナーや調理器具で有名なスウェーデンのブランド・オプティマスの歴史ひとつ取ってもやっぱり奥が深くて、プリムスの液体燃料部門を買収したり、ラディウスを買収したり……。

――相馬さん、いい感じにヴィンテージ通ですね（笑）。

相馬　ギアを見て歴史や時代の移り変わりが伝わってくる感じがすごく好きですね。ギアやそのバックグラウンドにあるブランドの歴史も含め、お預かりしたアイテムがなぜ貴重なのかをお店のブログに書くことも私たちの仕事なんです。それを読んでくれたお客様が翌日に来店し、買ってくれることもあって、そんな時は私を介して売り手から買い手にバトンタッチできた気がして嬉しくなりますね。お店に並んでいるランタンとかバーナーも、まだそのギアだけの歴史を刻んでいる最中ですし、それを次のオーナーへと繋いでいきたい。それに、捨ててしまえばギアの役目が終わってしまうけど、それをちゃんと救い出してあげれば生き続けられる。そこにすごく使命感を持ってやっています。

――捨てちゃえば終わりですけど、まだ価値があるわけですもんね。発掘する仕事も面白そうですね！

相馬　ランタンとかは自分より年上のプロダクトもたくさんあって、それがこれから50年とか100年とかの単位で生きていく可能性もある。小学校の教科書で習ったくらい古い歴史のものも出てきますし。

――そこまで歴史があると査定も難しくないですか？

相馬　難しい時は正直にお客様に伝えたり、購入時の価格なども伺ったりして、コミュニケーションを取りながらお客様に教わり、育ててもらっている部分はあります。ヴィンテージギアはほぼ個人のコレクターさんの持ち込みですが、スタッフにはそれぞれ常連さんが付いていて、「この人に買い取ってほしい」と指名をいただくこともあるんです。金額だけで言えばネットオークションのほうが高く売れるかもしれなくても、お店に持ってきて話すのが目的のお客様もいらっしゃいます。

――それも面白さですね。コレクターの方もネットオークションでどこの誰かわからない人に売るよりも、自分の思いとともにトレファクスポーツさんに預けて、ガラスの棚に並べてもらったほうが気持ちいいと思うんですよね。お店を介して売り手と買い手が繋がって、ギアが受け継がれていく循環は素敵です。お話を伺うに、ヴィンテージにめちゃくちゃ詳しくなくても、このお仕事はできるものですか？

相馬　もちろん知識があるほうがいいですけど、そのあたりは店長がフォローしたりもするので大丈夫です。ヴィンテージの専門店さんもいっぱいあるし、分解とか整備のやり方などは誰も教えてくれない独学のところなので、敵わない部分もあったりはしますけど。ただ、モノが好きっていう情熱の部分では僕たちも負けてないですし、「そういう世界があるよ」って知ってほしいんですよね、僕は。

オプティマスの箱ストーブ「8R」。1960年代のもので、ロゴが筆記体でエンボス加工されている希少品。

インタビューを終えて

実は始めやすい中古ギア査定のお仕事

自ら進言してアウトドア業態のお店を立ち上げただけあって、相馬さんはギアについてどこまでも話が続いてしまいそうなギアオタクだった（笑）。それくらい好きな人が立ち上げたお店だからこそ、面白いアイテムが持ち込まれているのかもしれない。特殊なスキルは必要なく、一般的なギアはリストに基づいて査定。ヴィンテージギアの知識は、お客様や従業員とコミュニケーションを取りながら深めていける。実はこの仕事も、未経験でもアウトドアに関わりやすい仕事のひとつ。ギア好きな人、接客が好きな人はぜひ。

Work's File № 016

アウトドア専門店プロダクト開発職

ショップの強みを生かしてギアを企画・開発

Data

年収（業界相場）：※本書調べ

400〜800万円

主な取引先：

国内外の協力工場／広告代理店／出版社／デザイナー／プランナー など

生かせる経験：

製造業／小売業／サービス業／デザイナー など

Analysis 必要な資質・技量

- ☑ 素早い決断力
- ☑ チームを引っぱる責任感
- ☑ 製品の未来を予測する力
- ☑ 素材や製造方法の知識

おもな仕事内容

「アウトドアショップに所属し、プライベートブランドの立ち上げやショップ限定の別注品を企画・開発する仕事。大手ブランドにない商品やユーザーに近いショップ視点でギアを作る。商品デザインや生産管理、資材探しなど、職務内容は多岐にわたる。」

同時に多くの業務をこなすマルチタスク能力が欲しい

現場で重宝される人は、自身の豊富なアウトドア経験と知識に基づく引き出しと、それらをベースとして下せる決断力を持った人物。さまざまな商品企画を同時並行で進め、次々に決断をして商品の生産を進めていく。規模も大きくなるため、責任感も求められる。

Symbolic Person

No 016

アウトドア専門店
プロダクト開発職

根本 学さんに
詳しく聞いてきた！

Profile

株式会社カンセキWILD-1事業部商品開発部・部長。WILD-1の郡山店のオープン時に入社。ショップ店員、店長、バイヤーなど様々な役職を歴任。WILD-1の自社ブランド、テンマクデザインを立ち上げたキーパーソン。

遊び尽くした経験が生み出す、最高のキャンプギア

――テンマクデザインの開発部門の責任者が、商品開発にどこまで関わっているのかが気になります。根本さんが携わる一連の業務を教えてください。

根本　自分でテントやタープを企画する場合は、方眼用紙にデザインを手描きで描くところから。その写真を撮って、素材や色、コーティング、張り綱とかも決めて取り引き先様に渡すと、それを工場への仕様書に変えてくれる。仕様書ができあがったら確認がきて、問題なければサンプルを制作する流れ。サンプルができたらチェックして、修正して、を何度か繰り返してできあがってい

開発におよそ2年かかった、佐久間コラボアイテムのソロキャンパー向けロッジ型テント「ガレージテント」。

く感じだよ。コラボアイテムは、コラボレーターの皆さんのコンセプトやデザインを基にして細かい部分まで取り引き先様と一緒に作っていく。工場とのやり取りは取り引き先様がやってくれるけど、要所で確認・判断するのが私の仕事ですね。

――僕もソロ向けでロッジ型の「ガレージテント」を根本さんと作らせていただきましたけど、コンセプトや大まかな形は僕の提案通りですが、細かな部分は根本さんたちに仕上げてもらって。その時は根本さんの判断がとても早いことに驚きました。

根本　ひとつの判断で非常に大きなお金が動くこともあるけど、私が「ちょっと待って」って言うといろんな人が影響を受けてしまう。取り引き先様、国内外の工場とそのライン、ミシンを縫う人、みんな止まっちゃう。だからいつも即決できるように心掛けています。

――そんな中でも「ガレージテント」は悩まれたとか。

根本　あの時はロッジ型でソロのニーズがあるかどうかわからずに悩んだ。ただ私の持論で、未来は誰にもわからないから悩んだら8～9割は進めるようにしています。さすがに失敗して会社に多額の損失を与えてしまうような場合は止めるけど。開発って本当にたくさんの費用がかかるんですよ。その費用は、お店で働いているスタッフが一生懸命販売してくれた利益から出ているので、絶対に失敗できないと思っている。すべて私の判断が起点になっているので、クレームにしろ在庫過多にしろ、他人のせいにできないよね。自分が責められるのはいいけど、入社すぐの社員がお客さんからお叱りを受けるようなことは極力したくない。テンマクの10年は、毎日のそうした判断の積み重ねなんだよね。

――その判断の軸や、大切にしていることって？

根本　昔からアウトドアが大好きで、18歳で車を買って、カヌーとキャンプにハマって、その後も友人や家族と、とことん遊んできた。その経験から「テントはこうあるべき」「マットはこうあるべき」とか、各カテゴリーで大事なポイントが自分の中にある。例えばファミキャンで大事なのは快適に眠れるマットで、子どもがグズるかどうかはマットにかかっている。お客さんそれぞれが感じる思いやポイントが自分の経験値でわかるのは開発としてとても重要なスキルなんだよね。

――では、商品を作るうえで欠かせないことは？

根本　デザインや価格などの戦略もあるけど、一番は安心安全だよね。使うお客さんが怪我しちゃいけない。それと、常に改良していくことかな。テントなどで使っているTCの生地も、実は今使っているのは第4世代なんだよね。大きな変更はなく細かな改良にはなるにしても、それは常々やっているかな。

――根本さんみたいにショップで開発担当になるには、どんなステップを踏む必要があるのでしょう？

根本　基本的にはお店のスタッフから始めないと開発ってやれないんです。店舗の責任者を経験して、その後に店舗を運営する販売部と、商品開発やバイヤーなどの商品部のどちらに行くかを決めるのが弊社のやり方です。

――根本さんは転職組でしたよね？

根本　そう。ずっとアウトドアが好きでアウトドアに関わる仕事をやりたくて。中途入社で入った郡山店に勤めていた30代は一番遊んだかなぁ。カヌーを漕いで岸に上がってキャンプして。その頃は雑誌でカッコいいなと思ったことはすぐにマネした。ガダバウトチェアを半分湖に入れて本を読んだり、きれいな沢にコットを浸けて昼寝したり。夜中の3時くらいに車で裏磐梯に行って暗いうちからカヌーを漕ぎ出して、パーコレーターでコーヒーを淹れながら夜明けを待つ。そしたら湖の真ん中が朝日で段々と明るくなって、鳥が鳴きはじめて。コーヒーを飲み終えたらそのまま岸に戻って、片付けて出社なん

てこともあった。

——えー！　今で言うエクストリーム出社！（笑）

根本　そこで出社しないと本物じゃないから（笑）。

——アウトドアのどんな部分にそこまで魅了されたんでしょう？

根本　いろいろあるけど、1日の移り変わりを感じながら自分の好きなことができるのがいい。朝もやがパーっとなくなって日が射したところでコーヒーを飲むとか、離島でさんさんと太陽が降り注ぐ中でカヌーをやるとか、星がきれいなキャンプ場で焚き火をするとか。1日の変化と自分の行動が組み合わさってすごく気持ちがいい瞬間ってあるじゃない？　そういうのがいろんなフィールドで体験できる。それに尽きるよね。

テンマクデザインのコンセプトは「今のニーズを具現化するもの」と「これからのニーズを生み出すもの」。

インタビューを終えて

「遊び」の積み重ねがアイデアの基礎になる

テンマクデザインは、2020年に232品番を開発し、そのすべての開発に携わったという根本さん。ヒットアイテムをたくさん生み出してきたその開発力の裏には、根本さん自身がとことん遊んできたという事実がある。キャンプはレジャー産業というカテゴリーであり、言うならば「遊び」の産業。キャンパーを楽しませるために、自分自身もとことん遊び尽くして、そこで得たアイデアを製品に落とし込む。アウトドア業界のトップランナーこそ、たくさん遊んでいる。僕も遊ばないと。

Work's File №017

アウトドア専門店店舗責任者

ギアを見極めて仕入れ、接客して販売

Data

年収(業界相場):※本書調べ

300〜700万円

主な取引先:

アウトドアメーカー/物流会社/倉庫会社/不動産会社 など

生かせる経験:

小売業/卸業業/サービス業/飲食業 など

Analysis 必要な資質・技量

- ギアについての詳細な知識
- 柔軟な思考と遊びゴコロ
- 旺盛なサービス精神
- 自分を信じる気持ち

おもな仕事内容

『店舗で販売するアイテムの選定や数量の決定、発注業務、接客、イベントの企画、従業員のシフト管理、メディア対応など、その業務は多岐にわたる。自らの経験値からどんなアイテムを店舗に置き、どのように接客してキャンパーに届けるかが腕の見せ所。』

交渉、接客、従業員管理と対人スキルが試される仕事

現場で重宝される人は、コミュニケーション能力に優れている人物。メーカーや流通業者と関係が構築できると仕入れの融通や別注品の注文ができたり、接客時においてもその能力をいかんなく発揮できたりする。発注も含めた店舗運営の根幹を決める決断力も、欠かせない要素のひとつ。

Symbolic Person

№017

アウトドア専門店
店舗責任者

野毛陽平さんに詳しく聞いてきた!

Profile

神奈川県小田原市にあるキャンプギア専門店「sotosotodays」の店舗責任者。アウトドアショップでの仕事歴はおよそ15年。幼少期よりキャンプやスキー、トレッキングなどで遊ぶアウトドア家系で育つ。お店でのイベントで年間300張りのテントを設営するツワモノ。

ギアを買って遊んだ知見を、仕入れや接客に生かす

――キャンプ好きにはギア好きも多いはずで、ショップ店長とかバイヤーに興味がある人もたくさんいると思うんです。野毛さんがsotosotodaysで働くようになった経緯、それまでの簡単な経歴を教えていただけますか?

野毛　大学生の時に別のアウトドアショップでアルバイトを始めたのが最初で、卒業後もそこで働き続けて社員登用してもらい、9年勤めた。ショップスタッフから副店長、複数店舗の店長の順で経験して、キャンプカテゴリーのバイヤーになったっていう流れかな。

――大学生の時からキャンプひと筋！

野毛　それで、２０１４年くらいかな？　実店舗がないと商品を卸してくれないメーカーや卸売業者が増えたことを受けて、うちの会社が店舗を立ち上げることになって、その店舗責任者として転職して今に至る。前職の仲間がすでに働いてて声をかけてくれたんだよね。だから取り引き先のメーカーや卸売業者を増やすのが最初の仕事だった。

――前職で培った取り引き先との関係性を生かしたわけですね。ｓｏｔｏｓｏｔｏｄａｙｓってナンガの寝袋とかユニフレームのフィールドラックとか、別注品が多い印象がありますけど、この仕掛け人も野毛さんですか？

野毛　そう。ただ、もちろん僕だけの手柄ではなくてＷＥＢチームやいろんな力があっての別注品だけどね。

――確かにメーカーさんの展示会では、ｓｏｔｏｓｏｔｏｄａｙｓの皆さんがギアを吟味されている姿が印象に残っています。そうした展示会でギアを見たりする中で、野毛さんは何を元に仕入れる商品を決めているんでしょう？

野毛　僕は実店舗の責任者として仕入れ数を決めているんだけど、コンセプトがしっかりしている商品を仕入れたいと思っている。僕らは実店舗があって、お客さんと直に向き合うから、どういう意図で作られたのかをちゃんと説明できるものであってほしい。

――流行りで作ったとか、そういう単純な理由ではなく。

野毛　売れているからたくさん仕入れて売りましょうってなると量販店と同じでしょ。ちゃんと接客をして、使い方まで伝えて売るのが専門ショップの仕事だからね。

――なるほど。すごくやりがいのある仕事だと思うんで

2021年2月で開店6周年を迎えた。週末を中心に店舗横でテントの展示会を開催。実物が見られると好評だ。

すけど、率直に、どうやったらひとつのお店を切り盛りする器量を身に付けられますか？

野毛　お客さんの対応をしないと何を売っていいかわからないから、まずはショップスタッフとして経験を積む必要があるよね。メディアの情報を追えば流行はわかるけど、それはただ後追いしているだけでしょ？　それに自分が仕入れた商品の販売には責任も生じる。アウトドアには火やナイフ、寒さといった危険もあって、その道具に命が委ねられているとも言えるわけで。自分のお店で買った人が道具の扱い方を間違えて命を落とすことがないよう、僕らもたくさん勉強しなきゃいけない。

――その知識はどうやって身に付けるんですか？

野毛　僕はとにかく使って、触ってる。自分で買って使わないと説得力もないしね。

――買い手もわかりますしね。「あ、この店員さん全然わかってないな」って。

野毛　自分で買えば価格の重みもわかるし、自分で使うことでアイテムの組み合わせの相性とかもわかって説明

もできるようになる。あと売り場の陳列にも気を遣うよね。例えばA、B、Cってアイテムがあった場合、売れ線って理由だけでAばかり仕入れてもダメで、そのAを引き立てるBやCも並べなきゃいけない。これはオンラインショップにはないノウハウになるかな。

——一点勝負じゃない、というか。

野毛 他人とかぶりたくなくてBやCを買うコアな人もいる。数字で判断するとAだけでよさそうでも、売れ数とは別の働きをする商品があるんだよね。それとお客さんがAを求めてきたのに欠品していた時なんかも、販売側の腕の見せ所。よくよく話を聞いたらBやCが最適な場合もあるし、お目当てでない商品でも「こういう使い方ができますよ」とか「（お客さんが持っている）別のアイテムと組み合わせるとこうなります」という提案をして、楽しんで帰ってもらうのも醍醐味かな。

——それは楽しいだろうなぁ。では仕事ではなく、キャンプそのものの魅力って何になるでしょうか。

野毛 やっぱり外遊びが好きだし、遊びたいんだよね、今でも。子どもができて、子どもとキャンプに行くようになって、忘れていた気持ちが蘇ってきた。「僕も昔こうやって遊んでいたな」とか感慨にふけったり、自然の中から何かを持ってきて作り出す姿を見て「子どもって天才だな」って思ったりもして。

――無邪気（笑）。アウトドアを仕事にすると、「遊ぶ」こともある意味で仕事だったりしますしね。

野毛　「遊ぶ」ってことは人間にとって重要で、忘れちゃいけないことだと思ってるよ。うまく言い表せないけど、道具を使うとか、物を大切にするとか、そういうところでも外遊びは大事だなって。いずれ自分でショップをやりたいとか、キャンプ場を運営してみたいとか思ったりもするけど、これからもアウトドアでどっぷりと遊び続けていくことは変わらないだろうね。

天井にまでディスプレイされたキャンプギア。そのセレクトは野毛さんを軸にスタッフ全員で決める。

インタビューを終えて

会社が用意してくれる舞台で挑戦できるなんて幸せすぎる

アウトドアショップの従業員は、ギア好きな人にとって憧れの仕事のひとつだが、野毛さんのポストまで上り詰めれば裁量はより大きくなり、一層業務に力が入りそうだ。同じ趣味を持つお客さんと店頭で情報交換できるだけでなく、店舗責任者は、各ブランドが取り揃える豊富なラインナップから、自身の審美眼でアイテムを厳選。ものによっては数億円にも上るショップの売り上げを左右するため責任は重大だが、入社数年でそんな大役を任せてもらえるのは、企業に勤める人の最大のメリットかもしれない。

COLUMN 2

ムーブメントをローカルから。地方発ショップが追求する売り方の美学

関西圏屈指の品揃え！　和歌山発、急成長を続ける
アウトドアショップOrange代表の池田道夫さんに聞く、
アウトドアショップを地方でも成功させる秘訣とは？

「お客さんがわざわざ、かつらぎ町まで来たくなるお店を作る。これに尽きる」。

和歌山県かつらぎ町。人口1万7000人弱の小さな街に、年10万人を超えるキャンパーが訪れるアウトドアショップ、Ｏｒａｎｇｅがある。２０１５年に突如現れたＯｒａｎｇｅは、一躍関西圏で随一のラインナップを誇るアウトドアショップへと成長し、２０２０年には待望の関東上陸。茨城県古河に店舗を構え、拡大を続けている。なぜキャンパーはこんなにもＯｒａｎｇｅに惹かれるのだろうか。

Ｏｒａｎｇｅの代表を務めるのは池田道夫さん。かつらぎ町で生まれ育った、人一倍この街に愛着を抱く地元っ子だけに、この土地でショップを立ち上げることに迷いはなかったと言う。

「地方でアウトドアショップをやるならば、わざわざお客さんが来たくなるように工夫する必要があるし、情報も発信しなくちゃいけない。そして、実際に来てくれたお客さんはとことん満足させる」。

工夫とは、品揃えやサービス、有益な情報を提供して、お客さんの期待に応えること。それにより、大阪市内から車で1時間ほどかかるかつらぎ町の、その1時間の距離感がお客さんにとってのスパイスになると、池田さんは言う。

「大阪からナビの案内通りに来ると、すごく細い道を通るんだけど、それすらもワ

クワクに繋がると思っている。『道を間違えた？　と思った先にお店があって驚いた』っていうコメントを見ると嬉しいんだよ。自然が作り上げたシチュエーションだけど、それすらも味方につけて、お客さんにワクワクしてもらいたい」。

　これはキャンプ場に向かう行程と同じだ。家から30分のところにあるキャンプ場は避けて1時間半、2時間と車を走らせ、トンネルを抜けると景色が一変している……。そんなシーンに出会うと、キャンプが一層楽しくならないだろうか。地方にあるアウトドアショップだからこそ、それに似た楽しみを作り出せるのだ。

　池田さんの話を伺っていて、ひとつ驚いたことがある。それは、Ｏｒａｎｇｅの売上目標を設定しないという方針。理由は、目標を設定するとお客さんに商品を〝売り〟にいってしまうから、だそうだ。

「商品を売るのではなく、お客さんに〝Ｏｒａｎｇｅで買いたい！〟って思ってもらうことが大事。僕はスタッフみんなに常々言い続けている。『物売りにはなるなよ、スタイルを売るんだぞ』って」。

　スタイルとは、そのショップの雰囲気やギアのセレクト、スタッフが持つ個性などを指す。そしてお客さんに満足してもらうために、顧客満足度の向上には余念がない。時に覆面調査を依頼して、真にお客さんに満足してもらえているのか、ホスピタリティについて調査も行っている。とにかく徹底して、お客さんを満足させてワクワクさせる。それを追求し、貫くのがＯｒａｎｇｅの戦い方だ。

　メーカーとのコラボアイテムも、Ｏｒａｎｇｅの強みのひとつ。テント、寝袋、

PROFILE

池田道夫

アウトドアセレクトショップ「Orange」代表

池田さんと仲間がコレクションしたコールマンのヴィンテージギアを展示する「オレンジ オールドコールマンミュージアム ジャパン」を、2020年11月にアパレル館3階にオープン。車やバイクにもこだわりを持つ、何事も追求する性分。

アパレルなど、様々なジャンルで大手メーカーとコラボしているＯｒａｎｇｅだが、ここでも〝スタイル〟がキーワードになる。お店の〝スタイル〟に共感したユーザーが、別注品を買い求める。ブランド側も、Ｏｒａｎｇｅのスタイルに沿ったアイテムが生まれることを期待してコラボを打診してくれるという。

「キャンプに限らず、趣味の世界には、人と違うものやちょっと変わったものを好む人が多い。そんな人たちの心をくすぐるような商品を生み出していく」。

量販店のアイテム、メーカーのインライン製品では満足しなくなっているお客さんを喜ばせる。コラボ品、プライベートブランドのアイテム開発でもお客さんの満足度を高める工夫を徹底している。

「かつらぎ町を日本一のアウトドアの街にしたい。わざわざ来るだけの価値があると思ってもらえる発信基地でありたいし、日本一ワクワクするアウトドアショップを目指している。『Ｏｒａｎｇｅに行ったら楽しかった』と言ってもらえたら、僕の中では大成功です」。

和歌山県かつらぎ町には、富士山や四万十川のようなシンボルとなる存在があるわけではない。それでも、キャンパーがこぞって行きたくなるショップがそこにはある。Ｏｒａｎｇｅのスタイル＝お客さんを満足させ続ける信念。それこそがＯｒａｎｇｅが飛躍を続ける秘訣であり、地方でもアウトドアショップを成立させるヒントなのかもしれない。

ムーブメントをローカルから。
地方発ショップが追求する売り方の美学

遊びが仕事で
癒やしがボーナス

キャンプ
職業案内

I want to work at job
related to camping!

第(3)章
メーカー編

Symbolic Person

№ 018
|
№ 021

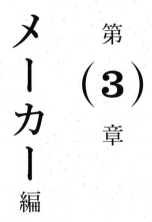

第3章 メーカー編

「この道具、もっと使い勝手がよければいいのに」
「こういうギアがあったら、もっと便利で楽しくなるはず」
「自分ならもっとカッコいいデザインのものが作れるかも」
そんなキャンプギアに対する思いが湧き上がったとする。
キャンプ好きならではの経験に基づいた
アイデアやビジョンを形にしたいと真剣に考えるなら、
メーカーへの就職は、魅力的な選択肢になるだろう。
希望が叶って製品開発を担う部署に配属されれば、
理想のキャンプギアを作り出す仕事に携われる可能性は高い。
もちろんメーカーには製品開発以外にも多くの部門があり、
そのすべてが実質的な開発業務に直結するものではない。
それでも、開発部門以外の仕事もすべて
「よりよいキャンプギアを生み出す」という本質に
何らかの形で繋がっているともいえるはずだ。
例えば営業部門の社員は、量販店などの得意先を回って

自社製品を買ってもらえるように努めるのが主な業務になるが、
ショップやユーザーの要望を現場で吸い上げ、
新製品の開発に生かすことだってできる。
広報担当はメディアを通じて自社製品のよさをＰＲするが、
そのアクションに対する反響は、製品づくりの指針になる。
展示会やキャンプイベントにはあらゆる部門のスタッフが参加し、
商品の宣伝やニーズの収集を繰り広げたりもするので、
どんな部署に属していても、自分たちが手掛ける製品についての
リアルな反応を共有できるはずだ。
一方で、近年は個人の力でキャンプギアを開発し、
小ロットで展開するガレージブランドも増加傾向にある。
開発から製造、販売までを個人でこなすのは大変な労力だが、
勝算と強い意志があるなら、挑戦する価値はあるだろう。
キャンプギアを作るという職業に就くためのハードルは、
少しずつ低くなっているのかもしれない。

Work's File №018

ブランド価値を高める社外のキーマン

フリーランス広報

Data

年収（業界相場）：※本書調べ

100〜700万円

主な取引先：

アウトドアメーカー／広告代理店／出版社／イベント会社／アウトドアショップ など

生かせる経験：

広告業／出版業／コンサルティング業／小売業 など

Analysis 必要な資質・技量

- ☑ 積極性と行動力
- ☑ 高いコミュニケーション能力
- ☑ 豊富なギアの知識
- ☑ 独自の広報戦略

おもな仕事内容

『フリーランス広報とは、企業からPRに関わる業務を受注する形態を取る。主な仕事はプレスリリースの作成、サンプルの貸し出し、展示会のアテンド、イベントの準備・対応、ブランディングなど。ギャラは年俸制や月額、露出に応じてなど、様々。』

広報スキルのみならずアウトドア全般の知識も必要

重宝されるフリーの広報とは、ブランドPRの職能はもちろん、それに加えてアウトドアに関する見識の深さがある人物。自らフィールドに出て、経験則に基づいてギアの良し悪しを判断する知見と自信は必要不可欠。太い信頼関係から仕事が生まれることが多い。

Symbolic Person

No 018

Profile

株式会社B.O.W 代表取締役。アウトドア用品の輸入卸会社の直営店勤務を経て、広報・マーケティングに携わったあと、アウトドア専門の広報として独立。PRのほか、撮影コーディネートやイベント運営なども行う。著書に『キャンプ雑学大全2020 実用版』がある。

フリーランス広報

牛田浩一さんに詳しく聞いてきた！

真剣に遊ぶことが、仕事の幅を広げることに繋がる

——企業が広報業務を外注し、それを受託するフリーのPR。アウトドア専門のPRって牛田さんだけだと思いますが、その道を選ばれた経緯を教えてください。

牛田　エイアンドエフに勤めていた前職時代に、アメリカのとあるブランドが外部のPR会社を使っているという話を聞いたことがあって。日本にはファッション専門のPR会社はあっても、アウトドア専門はないから、日本でできたらいいなって思っていて始めたんだ。

——今、牛田さんが取り扱っているブランドは？

牛田　MSRやサーマレストなどを扱う輸入代理店のモ

牛田さんの長年の経験値から導き出されたアウトドアの雑学を集めた一冊。実用的なノウハウが満載。

チヅキやベルモント、キャンパルジャパン、ゴールドウインなどを担当してるよ。契約しているクライアントさんによってPRだけのところもあれば、マーケティング全般を行う場合もあるし、商品開発やイベントに携わることもあるから、PRだけが仕事ではなくなってきた。いい商品でも埋もれてしまっているアイテムを掘り起こすお手伝いをすることが僕の任務だよ。

――思った以上に業務の内容は幅広いのですね。

牛田　僕もPRだけでは面白くないだろうって思うしね。前職の時から広報業務はもちろん、マーケティングや広告案件、年間のプランと折衝、ブランド訴求のイベントとか、全部やっていたから、そこで培った経験が生きている。当時の僕は、自社製品を推さないプレスとして有名だったけど（笑）。

――自社製品を売り込まないと仕事してないことになっちゃうじゃないですか。

牛田　自社の製品をよく言うのは当たり前だから。それに、他社のものも使わないと自社製品のよいところがわからないじゃない？　極端な話、メディア関係者から商品を貸してくださいって連絡が来た時も、その企画だったらうちのより他社製品のほうが合ってるよって言っちゃってた。その代わりに自社製品でよいものは、とことんよいって言ったよ。「実際使ったら最高だよ」って話をどこまでリアルにできるかが大事。それが今に繋がっている。

――前職から〝ひとりPR〟をやってたんですね（笑）。PR関連の仕事って、どこに面白さを感じますか？

牛田　ブランドを育てる作業かな。前職時代の話だけど、当時はヒルバーグの年間売り上げが数十万円程度しかなくて、その状況を打破するために僕が在庫の一部を預かったの。何をしたかっていうと、コアな人たちに提供して露出機会を増やし、ブランドの土台を作ったんだ。それをきっかけにブランドが認知されていった時は面白かった。今もクライアントさんと話すのは、ブランドをどの位置に、どれくらいのスパンで引き上げたいのか、いくらくらい売り上げたいのかという点。そのための段取りをして、納期を決めて、目標や進捗を管理して。

——その目標を考えるの、楽しそうですね！　どうやってクライアントを増やしていったのかが気になります。

牛田　独立する時に僕から売り込んだのって、実は最初の1社、モチヅキだけなんだよ。

——なぜ、モチヅキさんを？

牛田　MSRがあるから。MSRはマウンテンセーフティーリサーチの名の通り、テストを何百何千回ってやって、安全性が立証されたものを世に出している。アウト

ドアで使うものはそうあるべきだし、すごく愛着のあるブランドだったから。でも、例えばモチヅキが東京の会社だったら、採用されなかったかもね。モチヅキは新潟に拠点があって、僕は東京で、メディア関係者と密に連絡を取っていた。だから会社としては遠隔で素早く動ける僕にメリットを感じてくれたんだと思う。

――メディア関係者との人脈も大事でしょうし、もっとアウトドアの深いところでのアドバイスやサポートも求められていたんでしょうね。

牛田　アウトドアの業界はなんだかんだ言って狭いんだよね。展示会で案内していると「ウチのもやってよ」って言われたりして仕事が広がっていく。それに僕は一般企業が出すようなプレスリリースの書き方ではなく、状況に応じて雑誌のモノ紹介のように書くことがある。そうするとメディア関係者が読んでくれるんだよね。

――ギアに詳しい牛田さんが書いているんだったら読みますよ。アウトドア広報を目指す若者には、どんなアドバイスをしますか？

牛田　大前提として、どんな人と話をしても物怖じしないレベルのスキルがないとダメ。それが自信に繋がるから。ただ、その一方でベテランの人に教えてもらうっていう姿勢は大事。この業界は日用品ではなく、人の休日を豊かにするためのモノを扱っている。だからコトやモノを深く追求しないといけないし、僕らが遊びを体現しなくてはいけない。僕らも外で遊ぶことが大事で、パソコンの中だけでは完結しない仕事なんだよね。だから、若い人にアドバイスするなら、とりあえず「遊べ」と言うかな。キャンプだけだと尻すぼみになるから、アウトドア全般のアクティビティをやってほしい。僕は前職で遊ぶ機会に恵まれたし、遊びの中で今の仕事の繋がりができたから。いかに遊びながら仕事がちゃんとできるかが大きい、かな。

牛田さんが携わり、キャンプ関連の売り上げが増加したベルモント。収納性に優れた箸は、筆者も愛用している。

インタビューを終えて

フリーランス広報の先駆者は自分らしい道を進み続ける

業界内での信頼が厚い牛田さん。「もっと規模を大きくできるのでは？」という問いに対して「規模を大きくすると僕が現場に行けなくなる。クライアントは牛田に依頼してくれているから、その期待を裏切りたくない」というお話をされていたのが印象的だった。ビジネスライクな付き合いではなく、牛田さんはもっと深いところで仕事をしている。こんなにも人を、ギアを、フィールドを大切にしながら、アウトドアの世界で仕事をしている大先輩を目の当たりにし、目指すべき新たな目標が見つかった気がした。

Work's File №019

ブランドオーナー

大手にないニッチな物でブランドを育む

Data

年収（業界相場）：※本書調べ

0〜1000万円

主な取引先：

協力工場／卸売会社／アウトドアショップ／広告代理店／出版社 など

生かせる経験：

製造業／小売業／広告業／デザイナー など

おもな仕事内容

『ブランドを立ち上げ、製品を企画・製造し、取り引き先を増やす。仕事内容は、ブランディング、商品企画、デザイン、試作、工場探し、生産・受注管理、マーケティング、営業など、製品にまつわることすべて。会社経営の財務や融資に関する知識も必要。』

設計から製造、テストまで見渡せる広い視野が必要

ブランドオーナーは、自身がデザイナーであることが多い。自分でデザインができると重要な工程を外注する必要がなくなるため、費用を抑え、よりスピーディに作業を進められる。オーナー自らフィールドでテストを繰り返し、発想豊かに、面白みのあるアイテムを世に送り出す。

Analysis 必要な資質・技量

- ☑ クリエイティブな感性
- ☑ 「もの作り」のマインド
- ☑ 素材や工作技術の知識

Symbolic Person

No 019

ブランド オーナー

角南健夫さんに詳しく聞いてきた！

Profile

MONORAL代表。工業デザイナーを経験したのち独立し、プロダクトデザイン事務所TSDESIGNを創業。アウトドアブランドのモノラルのほか、ロボットや生活家電のデザインも手掛ける。モノラルというブランドネームは、「この道具がひとつの答えとして決まる」という意味を込めて命名。

「育てる意識」が、ブランドを成立させる秘訣

――近年、増え続けるガレージブランド。角南さんは、2010年に話題を集めた「布製の焚き火台」を引っ下げてモノラルを立ち上げられたわけですが、モノラルのアイデアの起点ってどこにあるんですか？

角南　モノラルには「ハックする」というブランドルールがあって、「こんな方法があったのか」って驚かせるような発想を製品を介して表現することを、常に考えています。アウトドア業界と関係のないところからスタートしているので、目立つことが大事かと。機能や値段は

大手メーカーにはかなわないので、とりあえず「面白そう！」って感じてもらうために、何をやったら勝負になるかを考えていたら、焚き火台は割と簡単に作れるのに高値で売れるって気付いたんですよ。

――最近、焚き火台がたくさん出てきているのは、みんなそれに気付いたからなのか。

角南　そうだと思います（笑）。焚き火台を作る際、モノラルをどういうブランドにするかを考えるブランドメイキングにおいて、「マイクロキャンピング」っていうコンセプトを立てたんです。ウルトラライトではないけど、人力で持っていけるもの。これで2つの軸ができたから、あとはニュース性を考えて、その条件を満たす中でどういう形状があるのかを探す感じでしたね。小さくするために火床を畳める方法を模索して、板を折り畳むとか、柔らかい材料で熱に強いものは何かって調べる中で布に辿り着いた。ここはリスクをとったんだよね。

――3800円の布ですからね。でも、それが面白くて斬新でした。

角南　そうそう、そこがポイント。メーカーって、商品力・マーケティング力・販売力の掛け算なんですよ。マーケティングは宣伝広告とかを指すけど、立ち上げ当初だからお金はほぼなくて、もちろん販売力もゼロ。そうすると商品力を高めるしかないんだけど、それさえ高めれば、ほんのちょっとのマーケティング力でも広がっていったりする。ワイヤフレームはアウトドア界隈で名の知られたライターさんたちなどに配った結果、「なんか面白い焚き火台があるぞ」ってメディアで取り上げてもらえるようになって、そこ

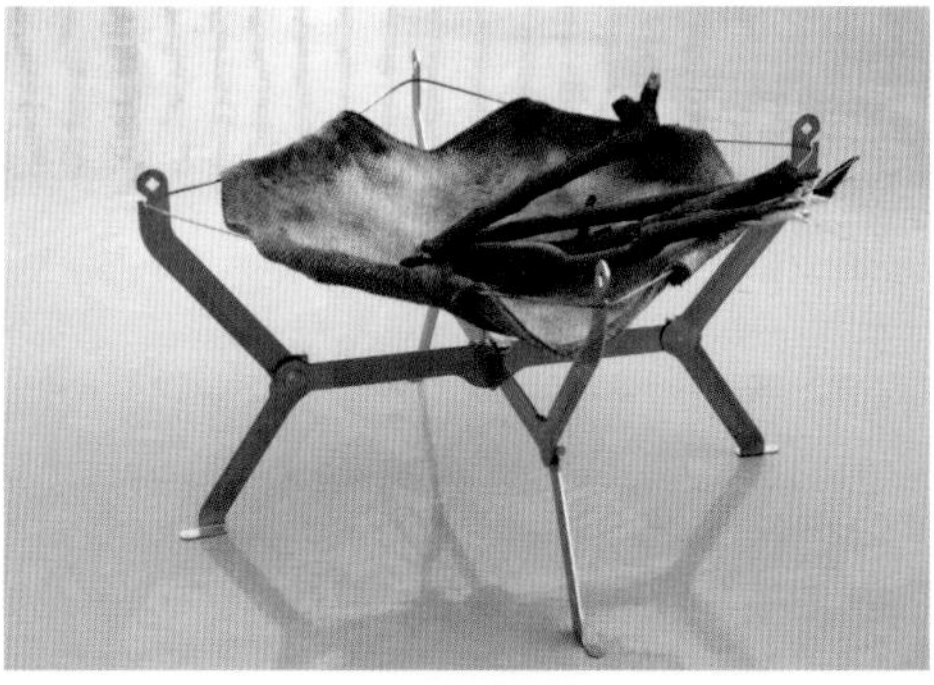

特殊耐熱クロスを使った焚き火台「ワイヤフレーム」。布を使った焚き火台として、発売当初から大きな話題に。

からどんどん話題になっていった。

──モノラルが軌道に乗ったタイミングって？

角南　5年目くらいかな。それまではモノラル関連の仕事だけでは成り立たなくて、まったく本業と関係のないデザイン仕事もやっていた。最初は焚き火台を作るだけで精一杯だったけど、少しずつ売り先を増やして。モノラルを始める時に500万円を借りたんだけど、自分の持っている資金の中でよりパフォーマンスの高い方向を考えるのも工業デザインのスキルなんだよね。10万円で作れるもの、100万円で作れるもの、1000万円で作れるものって全然違うから。

──物作りって初期投資がかかりそうな印象ですが。

角南　メーカーやブランドは基本的には、世の中にないものを開発して、大量生産して、自ら仕入れて在庫して、売っていくっていう構造なんです。工業の原則として、数がないと物が作れない。誰かがその生産数を負担する必要があるんだけど、その役割がメーカーというわけで。まったく売れない可能性もあるけどやる。小さいガレー

ジブランドさんは服とかバッグが多いと思うけど、それはやっぱり少ない数で作れるからだよね。僕も最初はミシンで縫っていたし。

――メーカーやブランドは基本、リスクが高い。

角南　そうです。でも、高い原価で作ったから商品価値が高いとは限らなくて、安く作れて高く売れるものを上手に探すのが企画力なんだよね。

――そういやモノラルの商品ってコピーされないですね。

角南　うちは特許が取得できるだけの独自性の高い物を作っているから。大変だけど楽しい。ブランドを立ち上げたい人は、知財について学ぶことも大事だね。

――権利を守るっていう意味で？

角南　ブランドって、ある形を見たり、音を聞いた時に、社会にいる人たちが感じる印象なんですよね。いい印象が社会の中で育つようにやっていくのがブランド作りで、ブランドは〝育つ〟ことでブランドに〝なる〟。立ち上げただけでは、厳密に言うとそれはまだブランドと呼べるものではない。

――世の中に認知されて、はじめてブランドになるのか。

角南　でも、じゃあそのブランドは誰のものなのかっていうと、イメージは社会のものだけど、その言葉の権利、使用権は商標権を持っている人になる。それを持っていないと、育てても自分のものじゃなくなってしまう。僕は昔から工作とか遊び道具が好きで、自分が考えたものを世の中に売り出して、ブランドを育てたいって思っていたんです。自分が作った物を買ってくれる人がいたり、お店に陳列されているることに達成感を味わったり、それぞれのステップが楽しいから続けてきた。最初は知らないことが多いから調べながらで大変だったけど、誰かに言われてやっているわけじゃないから、楽しいよね。

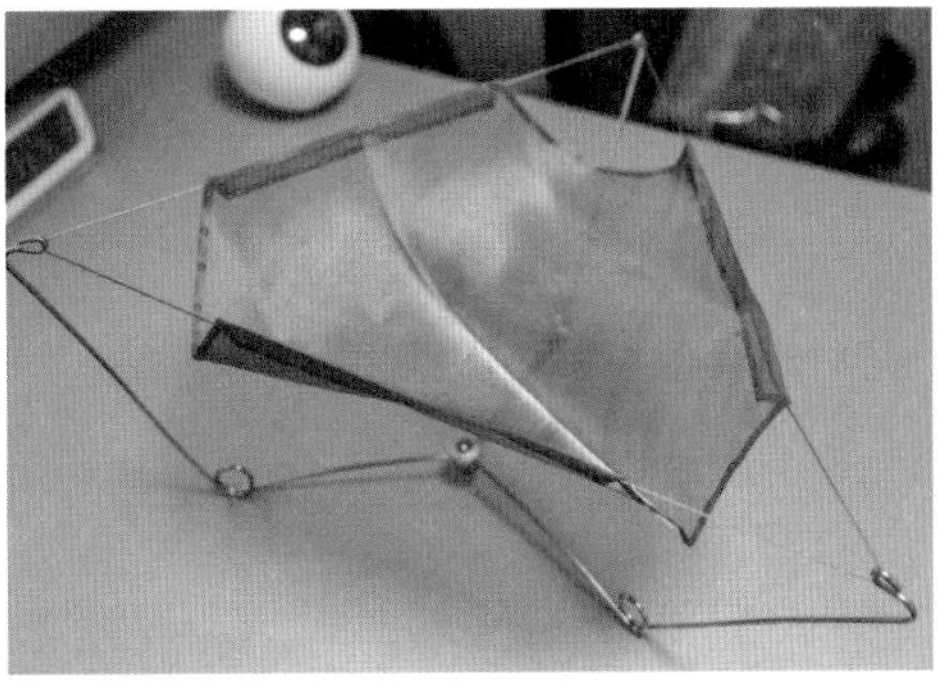

本体重量わずか100gの最新作「ワイヤフレーム フェザー」。軽いうえに、シンプルな造形美がある。

インタビューを終えて

際立つモノラルの独創性 その秘密がわかった

モノラルはかっこよくて、独創的で、美しい。「そうきたか！」って唸るようなギアが多くて個人的にとても好きなブランドだ。文中にもある通り、メーカーは様々なリスクを抱えながらも製品を生み出している。大手通販サイトではコピー品がたくさん見受けられる昨今、特許が取得できるほどのオリジナリティにこだわり続けていると言う。ちなみに、角南さんが仕事の中で考えついた商品力を高める3つのポイントを参考までに。それは「特徴的・わかりやすい・効果的」であること。製品作りに対する哲学を感じる。

Work's File №020

メーカー 営業職

社内外を繋ぐ、会社の〝窓口〟になる

Data

年収(業界相場):※本書調べ

300〜600万円

主な取引先:

小売店/卸売業者/キャンプ場 など

生かせる経験:

ショップ販売員/広報/サービス業 など

おもな仕事内容

『自社生産のキャンプギアを小売店に提案する仕事。取り引き先と良好な関係を築き、製品への不満や新商品の開発アイデアなどを吸い上げて社内に共有する、会社の窓口的な役割。本部商談や店舗を回っての販促提案、受注数量の管理など、その仕事は多岐にわたる。』

円滑な人間関係を構築する人柄と協調性は不可欠

重宝される営業マンは、社内外を上手に繋ぐ調整能力に長けた人物。小売店や卸売業者などの要望と会社の狙い、それぞれのバランスを取って、落とし所をしっかりと見つける必要がある。日々の関係性の構築に加えて、相手の気持ちを的確に汲み取り、社内外へ伝達する力が大切。

Analysis 必要な資質・技量

- ☑ 社交性と協調性
- ☑ 交渉の先頭に立つ積極性
- ☑ 自発的な行動力
- ☑ 前向きで明るい性格

Symbolic Person

No 020

メーカー営業職
野崎正浩さんに詳しく聞いてきた！

Profile

新越ワークス株式会社ユニフレーム事業部課長。2005年入社。大手釣具店の販売員時代にアウトドア部門を担当したのがきっかけとなり、新越ワークスに転職。ユニフレーム事業部に所属する。常に謙虚に、誠実に、相手の立場に立って物事を考え、「できる」理由を探し、素早く実現することが仕事のポリシー。

時には製品開発にも関与する、マルチな役回り

——僕はこの業界に入る前に日用品メーカーの営業マンをしていたのですが、アウトドア業界であっても営業職の基本的な業務内容は大きく変わらないですよね？

野崎　そうですね。弊社に限らず、メーカー営業は基本的には対企業の仕事で、自社製品を小売店に提案するのがメインの仕事です。担当によって小売店さんの本部に商談に行ったり、お店に行って販促ＰＯＰを提案したり。他にも数量の決まった製品の出荷数の調整や展示会のアテンドをすることもありますね。

野崎さん発案したキャンプケトル。「背が高く、焚き火にかけられるものが欲しかった」ため商品化。

──ユニフレームの営業さんって、商品開発にも関わっていますよね？

野崎　そこがユニフレームの営業としての魅力というか醍醐味ですね。ユニフレームはメーカーなので仕入れをして販売するわけでなく、自分たちでモノを生み出さないといけない。私たちは新潟で生産していますが、他のメーカーさんは開発部があって、海外の工場で生産しています。それゆえ営業と開発の距離が遠くて衝突したり、意思の疎通に時間がかかったりすることがあるかもしれないですけど、ユニフレームの場合は商品が気に入らなかったら、自分で動いてすぐに変えられる。営業はモノは作れないけど、「変えてください」と言うことはできる。その距離の近さが他社さんとは違うところかなって思います。

──営業発信で新商品を企画されるとも聞きました。

野崎　新商品の企画も開発担当と一緒に考えます。営業は取り引き先や販売店、ユーザーから「こういう商品があったらいいな」「ここをこうしたらもっと使いやすくなるんじゃないか」といった様々な期待や希望、不満を教えてもらえる。営業職は会社の外と中を繋げる役割だと思っているので、もらった情報は持ち帰って社内にフィードバックしています。サンプルができあがったら開発と営業でキャンプ場に行って、テストや検証もします。

──営業は「御用聞き」なんて言いますもんね。

野崎　でも、それらの期待や不満を教えてもらうには、人間関係の構築が不可欠なんですよ。小売店さんとは直取り引きすることもあれば、卸売業者を通すこともありますが、意見や相談はお互いに言い合える関係になっています。その結果、要望などを聞くことはもちろん、今度は逆に社内から社外へ、伝え切れていないことや会社の方針、チャレンジしようと思っていること、おすすめの使い方や販促POPなどを提案することもできる。弊社の場合、社外の人間と関わりを持つのは営業職だけなので、やっぱり社外と繫がっているポジションですよね。

——「アウトドア業界は狭い」ってよく言われて、取り引き先の顔が見えるから人間関係が本当に大切ですよね。他に野崎さんが担当している仕事はありますか？

野崎　WEBサイトの叩き台は私たちが考えますね。カタログも営業が意見を出して、ロケにも同行してサポートをします。イベントに出展しているのも私たち営業です。これは大手のメーカーさんだと専任の広報担当者が行うケースが多いようですけどね。

——大手のメーカーさんはもちろん役割分担があるんでしょうけど、ユニフレームさんのように特定の部署の人がマルチに仕事をこなしている話はよく聞きます。枠にとらわれずに自由なところを楽しんでいる方が多いです

よね。みなさんキャンプが好きですし。

野﨑　開発職に関しては技術力の高さが必要で、キャンプが好きかどうかは関係ないと思っていますが、営業職に関しては、キャンプは嫌いよりは好きなほうがいいと思います。自分の商品に愛情があるかどうかは相手に伝わりますし、自分が好きなものじゃないと自信にも繋がらない。自分が使いたくないものを、不安な気持ちで商談したって買ってもらえないですよ。

――相手はキャンプギアの小売店のバイヤーさんやお店の方々ですからね。商品にそれだけ愛情が込められてるとわかれば、お客さんにすすめやすいでしょうし。

野﨑　本社と協力工場の生産現場を見てもらうために、小売店のスタッフさんをアテンドすることもあります。開発の人間も同席して、考えや方針、モノづくりのこだわりを伝えたりして。手作業でひとつひとつ作っているのを見てもらい、より安心感を持ってもらうなど、小売店さんに会社の強みをプレゼンするのも僕らの仕事です。開発担当も生産者も愛情を込めて作っているので。

――そこもしっかりとパイプ役に徹するわけですね。野崎さんが感じるこの仕事のやりがいは？

野崎　売り場あってのメーカーなので、小売店が何かしら困っていることがあれば商品以外のことでも一緒に考えたり、他メーカーの商品を提案したりもします。僕らは営業なので、そういう工夫の結果として売り上げが去年より上がると、僕らがやってきた活動が世の中に評価されたと思えます。小売店さんとの信頼関係を作って、ユーザーさんが喜ぶ製品を作って、彼らがキャンプに行く回数が増えればキャンプ場さんも喜ぶ。それぞれがWIN-WIN。そんな風にみんなが潤うには何が必要かを考えながら日々仕事をして、取り引き先やユーザーさんからありがとうって言葉をもらえた時にも達成感を感じられますね。

ユニフレームは、ロングセラーが豊富。卓上グリルのユニセラは1993年に発売し、今も根強い人気がある。

インタビューを終えて

好きだからこそ成立する優しいビジネスの世界もある

インタビュー中、野崎さんが「キャンプ業界は小さいので、他のメーカーと食い合わず、いろんな形で協力し合って業界を広げたほうがいい」と話していた。僕の前職ではメーカー同士がしのぎを削って、市場のパイを奪い合っていたのをふと思い出した。キャンプ業界は狭く、取り引き先との距離感が近い。奪い合い、騙し合いではなく、小売店や取り引き先のために、正直に、親身になって接することが信頼を生む。キャンプやアウトドアが好きな者同士が集まったこの業界。そんな世界に僕は居心地のよさを感じている。

Work's File No 021

海外ブランドの日本展開をサポート

輸入代理店 広報

Data

年収(業界相場):※本書調べ

300〜600万円

主な取引先:

国外のアウトドアブランド/アウトドアショップ/広告代理店/卸売業社/出版社 など

生かせる経験:

広告業/貿易業/コルサルティング業 など

Analysis 必要な資質・技量

- ひらめく力
- 常に先を読む仮説思考
- 高いコミュニケーション能力
- 繊細さと注意深さ

おもな仕事内容

国外アウトドアブランドの代理店における広報の仕事は、イベント出展や展示会の企画・準備、カタログ制作、プレスリリース作成やメディア対応と多岐にわたる。取り扱うブランドごとの条件やルールに基づいて、ブランドの認知向上を目指す。

ブランドの「顔」になるには強力な人脈形成を目指せ

いわゆる敏腕広報とは「ブランド名=広報担当者」として名前が挙がるほど顔の広い人物で、〝名物プレス〟と言われるような存在。連絡を取る機会の多いスタイリストやライター、編集者と持ちつ持たれつの関係を築いて、メディア露出を増やすことが最も重要な任務。

Symbolic Person

No 021

輸入代理店 広報

山本浩紀さんに詳しく聞いてきた！

Profile

株式会社ビッグウイングの広報。スタンレー、AOクーラー、スナグパック、カモックの4つに加え、自社ブランドのasobitoと、しろくまのきもちを取り扱う。同社には2008年に入社。出荷事務や営業職を経て現職に。広報経験を元に、個人でのイベント企画などにも活躍の場を広げている。

広報の仕事の本質は「顔と恩を売る」こと

――輸入代理店って、国外ブランドの商品を取り扱うライセンス契約をして、日本に流通させるのが主な仕事ですよね。その中での広報の役割を教えてください。

山本　まず、輸入代理店の大まかな仕事の流れを説明すると、アメリカやヨーロッパで開かれているアウトドアの展示会などで海外のブランドを見つけてきて、日本で扱わせてもらうためにライセンス契約を交わすんだよね。契約を締結できたら、ブランドそれぞれが持つ世界観やルールをなるべく踏襲したうえで日本独自の売り方を考えていく。僕は広報の仕事なので、ブランドを理解して、本国のルールやコンプライアンスと合致しているかどうか、禁止事項も含めてひとつひとつチェックしたり。

——展示会の段取りや、イベントに出展したりも？

山本　そうそう、広報は別の言い方で「プレス」って呼ばれていて。仕事内容は展示会の準備やイベント出展、メディア対応など、本当に幅広くて、カタログ制作では写真撮影など、素材作りの前の企画段階から参加。展示会では各ブランド担当の責任者と手分けしてレイアウトを調整して、施工業者とやり取りをするんだ。売り出したいアイテムで棚を組んで売り場っぽく見せて、小売店さんにイメージを持ってもらえるようにしたりとか。参加するイベントを決める際は、内容や特性に加えて客層も加味して、ブランドの意向に沿ったものを選ぶ。ほかには、メディア戦略を考えたり、プレスリリース書いたり、誌面の校正をやったり……本当にいろいろ（笑）。

——山本さんは、もともと営業でしたよね？　広報に異動した理由はなんだったのでしょうか？

山本　ハローワークでこの会社を見つけて、入社後しばらくは出荷事務を経て営業をやってたんですよ。営業の仕事も楽しかったけど、広報の仕事に徐々に興味を持ち始めた。営業はバイヤーさんが相手なので対企業にならざるをえなかったけど、そうではなく取り扱っているブランドの商品をユーザーに買ってもらう〝仕組み〟を作りたいなって思ったんだよね。その仕組みをどうしたら作れるかを考えることに魅力を感じたの。

——営業担当だと小売店にいかに売るかですけど、広報だともっと広く世の中に〝網をかける〟イメージで、や

山本さんが発案したasobitoの薪バッグを使ったワークショップの様子。遊びを起点にブランドをPR。

れることの幅が広そうです。

山本　そうそう。スタンレーって今でこそカッコいいと思ってもらえるイメージがあるけど、売り始めは「どんくさくて、誰が買うのこんなの」って言われたこともあってさ。アイテム自体は輸入しているので変えられないけど、イメージは変えていけるってところに興味を持った。人に広めるとかメディアとやり取りすることにも興味があったし、宣伝という業務は面白いなって思ったね。

――それをいろんなブランドでできるのがメーカーの広報さんと違うところでしょうか。例えばAOクーラーとスナグパックじゃターゲットも全然違いますよね？

山本　そうだね。そうやってブランドの数だけ狙いや施策があるから、見聞や引き出し、経験値が増えて、違うところで生きてきたりもする。

――一般企業で広報をしていた人が、アウトドア業界に同じく広報職として転職しようとした場合、業務内容はあまり変わらないのでしょうか？

山本　プレスリリースを配信するといった業務や手法は

変わらないと思うよ。最初はアウトドアの人脈がないかもしれないけど、逆に前職での人脈を引っ張ってくれば、それが自分の強みになったりもする。以前、とある企業の名物プレスさんに「プレスの仕事は、顔と恩を売る仕事だ」って言われたことがあるんだけど、顔を売るっていうのは自分を覚えてもらうことで、恩を売るっていうのは人にありがとうって言ってもらうこと。そうすると仕事が回るぞ、っていう意味ね。

――メディアに自社のブランドを載せてもらうのも広報としての腕の見せどころですよね。その中でも大切にしているポイントはありますか？

山本　この業界って娯楽のカテゴリーだから、本気で遊ぶほうが仕事になると思うんだよね。自分がアウトドアをやっているかやってないかで発言の深さが変わるから、それが大事じゃないかな。この人に言われたら深みがあって刺さるなって思ってもらえるか。そのためにはとことん遊んで、業界内にたくさん人脈を作ることを意識しているかな。

――アウトドアが好きでこの業界を選んだ人が多いからこそ深みが出るというか、好きであることが前提みたいなところもありますよね。山本さんが思うアウトドア業界に向いている人ってどんな人でしょう？

山本　オンとオフの境界線がない人が楽しめる場所なので、生真面目な人は疲れちゃうかもしれないね。世の中的に年収が高い業態ではないのかもしれないけど、仕事と遊びが繋がっていて、本気で遊ぶことがまた仕事に結び付くことが楽しいって思える人は、この業界に来ると一石二鳥じゃない？　僕は遊びながら仕事をして、しかもその中で学びもあるから人生が豊かになっている感じがするよ。

スタンレーとネイタルデザインのダブルネーム真空マグ。
コラボレーションの企画や戦略立案も広報の仕事。

インタビューを終えて

まず楽しませることが山本流の広報スタイル

山本さんが考えるイベントのワークショップはいつも面白い。本人は「買ってもらう仕組みを作りたかった」と話すが、スタンレーボトルを輪投げの的に見立てたり、スナグパックの寝袋をラグビーボール代わりにしてタイムを競ったり、すべてが遊び視点で考えられていて、ブランドに興味がない人も楽しめる。そうやってブランドが認知されることで、いずれは購入に繋がっていくのだろう。仕事も遊びも本気。横の関係を大切にしていい意味で公私混同。とにかく楽しそうに働いているんだよなぁ。

COLUMN 3

半径5km圏内でモノづくりを続けるユニフレームが描く未来

“モノづくりの街”新潟県燕市で実直にキャンプ道具を作り続けるユニフレーム。新越ワークスの山後社長に、国内でモノづくりを続ける理由や製造業の未来について尋ねた。

業務用の厨房用品を製造する株式会社新越ワークスのアウトドア事業部である、ユニフレーム。同事業部は、現在新越ワークス社長を務める山後春信さんによって立ち上げられた。山後さんが同社に入社した１９８０年代は製造業にとって激動の時代。プラザ合意で為替相場が大きく変動し、輸出産業が大きな転換期を迎えた難しい時期だったにもかかわらず、アウトドア産業に新規参入した。それは、山後さんが学生時代に山岳部に所属しており、アウトドアへの造詣が深かったことと無関係ではない。

そんなユニフレームがラインナップするアイテムの多くは、同社工場から半径５㎞圏内で製造が完結する。グローバリゼーションが進む世の中にあっても生産拠点を海外に移さないのは、新潟県燕市に根を張る誇りがあるからだ。ユニフレームは、この〝モノづくりの街〟に育てられてきたと山後さんは言う。

「燕地域は古くから金属加工で栄えてきた街なんですが、当時ユニフレームの工場で作れたのは金網の部品だけ。他の部品は作れないし、加工ノウハウもない。でもアウトドア用品を作りたかったから、地元の人に相談してみたんです。そしたら『それなら○○さんに教えてもらいなよ』って燕地域周辺の関係工場を紹介してくれて、そのおかげで初めてのツーバーナーが作れたんです」。

ツーバーナーが作れたら、次はその上で使う鍋や、やかんを作った。それらで淹れたコーヒーを外で飲む美味しさを、アウトドアマンである山後さんは知っていたからだ。そうしてユニフレームがアウトドア用品のラインナップを徐々に拡充していくわけだが、その背景には、燕地域が得意とする金属加工技術の後押しがあった。

そしてもうひとつ、ユニフレームが海外生産に目を向けず、国内でのモノづくりにこだわる理由がある。

「設計を国内に残し、製造を海外に移して失敗した企業はたくさんある。結局、設計者が製造工程に疎いとしっかりした設計ができないからでしょう。例えば針金1本、板1枚曲げるのにどれだけの力が必要か。それが理解できないと、どんな板厚を選定すれば丈夫さを確保できるのかもわからない」。

今なお国内生産にこだわるユニフレームだが、一部のネット通販で同社製品に酷似した海外製造品が目に入ることを、山後さんはどう思っているのだろうか。

「真似されることは一概に悪いとは思わない。工業製品や技術は真似から始まるし、何かと何かを足したり掛け合わせたりして作っているのだから。それに形は真似できても、新しいものを設計する能力までは真似できませんから」

そう言い切れるのは、製品に対する自信の表れだろう。加えて、現在に至るまでに培ってきた小売店との関係性、ひいては顧客との関係性も後押ししている。

「真似た商品をネットで販売してもお客さんの顔が見えないでしょう？　お客さんの顔が見えないようでは、何を作ったらいいかわからない。そこで大事になるのが小売店との関係性。我々は小売店とコミュニケートして、お客さんがどんな商品を欲して

PROFILE

山後春信

株式会社新越ワークス 代表取締役社長

2004年、先代の後を引き継いで同社代表に就任。キャンプ用品を手掛けるユニフレーム事業部を立ち上げ、自ら企画した卓上グリルの「ユニセラ」はロングセラーの大ヒット作に。学生時代は山岳部に所属していた生粋のアウトドアマン。

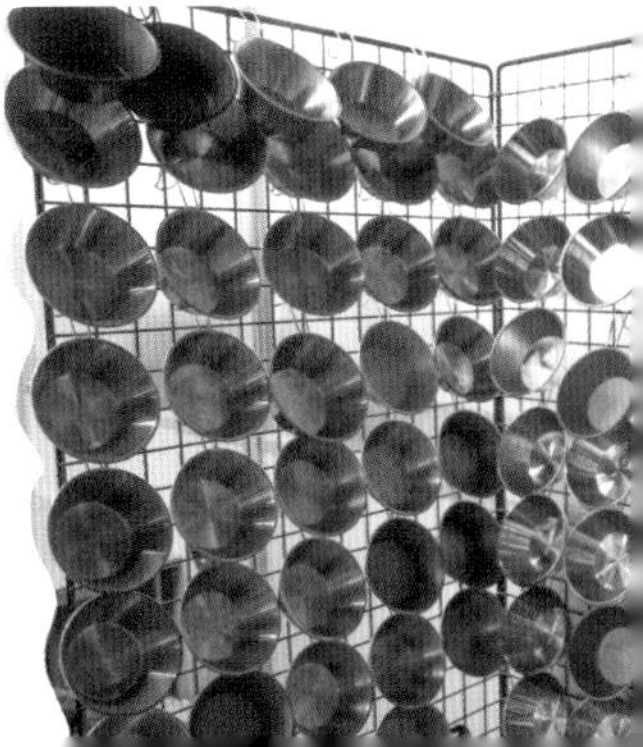

いるのか、意見を聞ける。小売店の人にもキャンパーが多いから、彼らが使うことを想像して作ることもできる。ユニフレームは、設計ができて、製品を組み立てられる。部品は作れないけど、地域の協力工場にお願いすれば作ってもらえる。卸売業者を通して小売店に製品を届けて、お店がお客さんに販売してくれる。ここまでひとつに繋がっていることが大切。それはこれからも変わりません」。

熱い思いを伺う中で、環境問題についても尋ねてみた。アウトドア産業や製造業、そして自然を楽しむキャンパーに共通する課題を、山後さんがどう捉えているのか知りたかったのだが、その回答は単純明快。しかし、とても腑に落ちるものだった。

「僕らはＩＳＯを２つ取得している。ひとつは環境マネジメントのＩＳＯ１４００１で、もうひとつは品質管理のＩＳＯ９００１。品質にこだわるのは、不良品が一番無駄だから。誰も不良品を作らないことが環境対策だなんて言わないけれど」。

メーカーは無駄なものを作らず、キャンパーも使い捨てになってしまうもの、数回使っただけで壊れるようなギアは買わない。それが未来へと繋がっていくのだろう。

山後さんの夢は、シェラカップのような商品を作ることだと言う。１００年以上前に原型が作られながら今なお使い続けられているキャンプのアイコン。それにも劣らないアイコニックな存在も、山後さん率いるユニフレームならきっと作り出してくれるだろう。もちろん製造は新潟県燕市の国産品に違いない。そんな日本のキャンプの未来が、今から待ち遠しい。

**半径5㎞圏内でモノづくりを
続けるユニフレームが描く未来**

遊びが仕事で
癒やしがボーナス

キャンプ
職業案内

I want to work at job related to camping!

第(4)章 キャンプ場編

Symbolic Person

№ 022
|
№ 025

第4章 キャンプ場編

自然の中で過ごすのが大好きなキャンパーにとって
「キャンプ場で働ける」という状況は夢のような話だ。
傍から見るとキャンプ場のスタッフは、
趣味と実益を兼ね備えた、有意義な職業に映るだろう。
実は「職場」となるキャンプ場の経営形態は、多岐にわたる。
企業や団体が土地を開発して運営しているケースもあれば、
自治体が第三セクター方式で展開しているキャンプ場もある。
そして個人経営、家族経営のキャンプ場は、
少数精鋭のスタッフで効率的に仕事を回していることが多い。
だからもしキャンプ場への就職を希望するなら、
キャンプ場のタイプに合わせたアプローチを考える必要がある。
また、キャンプ場のスタイルによって求められる能力も変化する。
売店や入浴施設が併設されていればそれらの管理も仕事になるし、
逆にほとんど手つかずの自然を生かしたキャンプ場などでは、
場内の様子を黙って見守るのが主な業務、ということにもなる。

もっとも、接客業であるという原則はどのキャンプ場も同じで、
どんな場合でもコミュニケーション能力やトラブルへの対応力が
要求されることは念頭に置いて、職探しに臨むべきだ。
一方で、とことん自分の理想に近いキャンプ場を求めるなら、
自らキャンプ場を運営するという方法もある。
適切な地域にある程度の広さの土地を保有できるアテがあれば、
あとは予算に応じた計画立案と創意工夫で、
自分が最も働きやすい「職場環境」を作り上げればいい。
キャンプ人気が高まりを見せる中、
キャンパーたちの嗜好は多様化の一途を辿っている。
どんな環境が求められ、どんなサービスを提供すれば
喜ばれるのかというツボを心得ている人は、
キャンプ場を運営する側に回ってもきっと活躍できるはず。
長きにわたって温めてきたキャンプ愛を
ビジネスに繋げるチャンスは、すぐ手の届くところにある。

Work's File №022

中規模キャンプ場統括マネージャー

フィールドと従業員を適切にマネジメント

Data

年収(業界相場):※本書調べ

350〜700万円

主な取引先:

広告代理店／出版社／旅行会社／自治体／建設会社 など

生かせる経験:

サービス業／人材派遣業／旅行業／公務員 など

おもな仕事内容

中〜大規模のキャンプ場において、キャンプ場というフィールドの価値や方向性を考える仕事。売り上げの管理、顧客対応のマニュアル作り、ホームページのプランニング、従業員の勤怠管理などのマネジメント業務のほか、業界関係者との交流も仕事のひとつ。

現場感覚とマネジメント感覚両面を持つことが要求される

現場で重宝される人は、チェックイン対応といった現場仕事への理解と、全体を俯瞰したマネジメント業務に対するクールさを併せ持っているような人物。キャンプ場では高校生からシルバー人材まで様々な人が働くため、寛容さや世代を超えたコミュニケーション能力も必要になる。

Analysis　必要な資質・技量

- 能動的に動く姿勢
- 経験に基づいた決断力
- 常に情報を更新する勤勉さ
- 楽観的未来志向

Symbolic Person

No 022

中規模キャンプ場 統括マネージャー 川口泰斗さんに詳しく聞いてきた！

Profile

埼玉県飯能市にあるケニーズ・ファミリー・ビレッジと、古民家ファミリービレッジキャンプ／BBQ場を運営する鳥居観音株式会社の統括マネージャー。家電メーカーの営業や商品部を経たのち、同社へ。入社10年目。近年は、地域のキャンプ／BBQ連合会の事務局長も務める。

現場はホットに、マネジメントはクールに

——川口さんは、前職が家電メーカーの正社員だったんですよね。アウトドアに馴染みのない会社からキャンプ場への転職は、何がきっかけだったんですか？

川口　仕事に迷いが生じていたんですよ。前職では営業部と商品部で10年働いて、どちらも楽しい業務だったけど、性分的に対企業と対消費者のどちらが自分に向いているのかなって。消費者と触れ合う機会がないことに考え込んだ時期があって、転職活動をしていたんです。実は前の仕事をしながら、GWや夏休みなど人手が足りない時はここでアルバイトをしていた期間もありました。

管理棟をハロウィン仕様にデコレーション。季節感の演出も忘れないのがケニーズ流のおもてなし。

——へぇ！　それは知らなかったです。副業みたいな。

川口　それで、その時にしたトイレ掃除が楽しくて！

——トイレ掃除？　どういうことですか？

川口　「トイレ掃除がすべてかもしれない！」と思うほどやりがいがあることを知ってしまったんです。トイレってキャンプ場内でもお客さんが使って一番喜ばれるところじゃないですか。掃除をしていると「ありがとう、ご苦労様」と言われて。こんなに感謝される仕事があるのかって。

——確かにそうですけど、トイレ掃除が決め手とは驚きました。当時、対企業と対消費者を巡るモヤモヤがあったからこそ、衝撃が大きかったんでしょうね。

川口　お客さんは自然の恩恵や自由な時間などを得るためにキャンプ場に来ているけれど、自然そのままではダメなんです。自然を感じてもらいつつも、場を適正に管理して、快適な部分にフィットさせてあげなくちゃいけない。それを感じたのがトイレ掃除だったんです。

——でも、それに気付いたからって転職してしまう勇気がすごいです。収入面とか不安はなかったのですか？

川口　キャンプ場によって条件面は違うし、僕の場合は運の要素もあるんだけれど、固定給は前職と同じという条件で入社したんです。ただ、ボーナスは状況次第だったので売り上げが悪ければ減る可能性もあり、頑張らないといけないと考えていました。アルバイトの時は「キャンプ場は正直お金にならない」と思っていたので、迎え入れてくれた社長に報いたいと思いましたね。

——それだけの覚悟を持って転職されたんですね。入社してまず取り組んだことは？

川口 はじめに、過去の決算書を洗いざらいデータ化して、「見える化」しました。他にも従業員の対応マニュアルを作ったり、場内のルールや規則を設定したりもしました。僕はここに来て「決める人」になったんですよね。前職では、会社がいけない、同僚がいけないみたいな気持ちもあったけど、それは捨てました。おかげさまで売り上げは入社した時から6倍ほど、入場者数で言うと3倍強になって。それで給与も増やしていただけた。キャンプ場は儲からないってよく言われますが、一概には言えないと思います。

——すごい実績! もはやなくてはならない存在ですね。

川口 もちろん、最終的な責任は社長が負ってくれているという安心感があるからこそ、僕も頑張れるんですよ。

——いい関係ですね。お話を伺うと、キャンパーとしての知見は、キャンプ場の統括マネージャーという仕事には特に必要ない感じですかね?

川口 例えばテントの設営だとかインストラクター的なスキルはキャンプ場で働いてれば身に付くものだし、誰

もが必ずやるべきことですよね。キャンプ場だからこその特殊スキルについて僕は考えたことがないです。逆に一般社会で言われるマネージャーのスキルは必要で、僕の場合は営業でモノを売っていた経験が生きてます。ただ、キャンプ場の現場ではもちろんアナログでいいし、感情的にもホットでいいんですけど、経営とかマネジメントだけはクールにやっていかないと。

――企業である以上、お金にはシビアでないといけない。

川口　お客さんへの応対も、現場でマニュアル通りにしか動けないのはアルバイトならいいけど、社員にはマニュアルを超えてもらいたい。お客さんの気持ちを汲み取って、マニュアルとお客さんの間に入って仕事をするのが大切だからねって言ってます。

――従業員のマネジメントも仕事ですか。ただ、その役割が主になると、現場に出られなくなるのでは?

川口　そこへの寂しさはあったけど「現場に社員のみんながいてくれるからいいや」と思うようになりました。自分は自分の役割をまっとうする。ちなみに今の僕は

「このキャンプ場にしかないもの」を伝えることを意識しています。土地が持つ風土はここでしか味わえないからこそ、キャンプを通してお客さんにそれを体験してもらいたい。自然があって人の営みがあって暮らしができていって。どこから水が流れて、地層がどうなっていて、山と林業がどう関係しているか……とか。

――その地域ならではの、ってことですよね。

川口　せっかく来てもらったからには、安心安全な場所を準備して、ここでしか味わえないことを感じてほしい。立場上、他エリアでのキャンプ場の水平展開の話もあったりするけど、まずはこの地域の発展を目指していくつもりです。郷土愛というか、全体の底上げも僕の仕事であり、公共面も考えないといけないと感じています。

他のキャンプ場に先駆けて、SDGsへの取り組みを推進。もちろんその旗振り役は川口さんが担っている。

インタビューを終えて

研鑽、実践を重ねることで進化する、最高の〝お手本〟

一般企業の営業経験を元にキャンプ場へと転職した川口さん。きっと本書の読者と経歴が重なるところもあると思い、インタビューを打診した。川口さんはとても勉強熱心。事務所にはビジネス書が並び、マネジメントや財務などは実務をやりながら学んだそう。マネジメント経験者はもちろんのこと、今はスキルがなくても川口さんのように自ら率先して学び、実践できる覚悟があれば、キャンプ場のマネージャーという立ち位置で活躍できるだろう。キャンプ場への転職希望者のお手本だ。

Work's File No 023

家族経営型キャンプ場オーナー

「ただいま」と言いたくなるキャンプ場

Data

年収(業界相場):※本書調べ

200〜500万円

主な取引先:

広告代理店／出版社／旅行会社／自治体／建設会社 など

生かせる経験:

土木業／建設業／サービス業／飲食業／旅行業 など

Analysis　必要な資質・技量

- ☑ 圧倒的な行動力
- ☑ あきらめない強い心
- ☑ 建築系の知識
- ☑ 接客を楽しむ献身性

おもな仕事内容

『キャンプ場運営の通常業務であるチェックイン・アウトの受付対応、予約管理、イベントの準備など以外にも、休業期間を利用した場内整備も行う。重機を使ってのキャンプサイト造成、チェーンソーによる伐採、薪割りなど体力を使う仕事も多い。』

オーナーの人柄と気遣いがリピーターの数を左右する

キャンプ場をリピートする要素として、キャンプ場を運営する家族やオーナーの人柄や空気感を挙げるキャンパーは多い。「名物オーナー」がいるキャンプ場は、家族経営のキャンプ場がその大半を占める。細かな気遣いや常連キャンパーとの適度な距離感、関係性がとても大事。

Symbolic Person

№023

Profile

福島県小野町に位置する林間サイトのキャンプ場、あぶくまキャンプランドのオーナー。東京での14年間の会社員勤務を経て、一念発起してキャンプ場を開設。東日本大震災による被害も乗り越え、2021年でオープンから27年。現在は、奥様、娘夫婦とともにキャンプ場を切り盛りする。

家族経営型キャンプ場オーナー

新堂哲茂さんに詳しく聞いてきた！

25年以上続く安定感はお客との絶妙な距離感がベース

――会社員を辞めてキャンプ場を作るのは相当な勇気がいると思うのですが、きっかけはなんだったんですか？

新堂　子どもの頃にボーイスカウトをやっていて、キャンプは大人になってから再開したの。その頃は公共のキャンプ場に行くことが多かったんだけど、木が伐採されているところが多くて、キャンプしながら「このキャンプ場、緑がないじゃん」「これはキャンプじゃないよなぁ、それじゃ自分で作ればいいんじゃない？」ってふと思ったんだよね。それが始まり。とあるキャンプ場の白樺サイトに泊まった時にすごく感激した記憶もあって。

—いつ頃の話ですか？

新堂　90年代のオートキャンプブームの頃で、参加人口が1500万人の時。週末はお客さんもたくさんいたし、これなら脱サラして食えるだろうって。今思い返せば、見通しは相当甘かったけどね（笑）。

—用地は探し始めてすぐに見つかりましたか？

新堂　半年くらい土地を探して、最初は八ヶ岳や富士山周辺を見たけどツテがないからどうしようもなくて。地域の農家さんに話しかけても「なんだ？」って顔をされるし「キャンプ場をやりたいけど、どこかいい場所はないですか？」って役場に手紙を送っても、返事がなかった。そんな時、とある雑誌の広告にこの町（福島県小野町）の宣伝があって、今の場所を見つけたんだよね。最初は藪で1メートル先もわからない状態だったけどね。

—その行動力が本当にすごい……。キャンプ場はある程度の広さがないと経営が成り立たないと思いますが、あぶくまキャンプランド（以下、あぶくま）の面積と、初期投資額を教えてもらえますか。

新堂　広さは3万3000㎡くらいで、最初の17～18年は賃貸だったけど今はほとんどの土地を買い取った。初期投資に金融公庫でお金を借りて、開墾は地元の建設会社にお願いして。キャンプ場はキャンプサイトの造成、上下水道、電気が必要で、まずは水を出すことが優先。水が出たら次はトイレという流れで。その辺はお金がかかっても仕方ないとはいえ、自己資本を入れて2500万円くらい投資したかな。ただ、きちんとお金かけた分、電気や排水の設備、場内の道路はまったくダメにならないね。

現在は娘の加南子さんご夫婦とキャンプ場を運営。運営は娘夫婦に任せて、新堂さんはさらに山を開墾するそう。

――あぶくまのサイトは小砂利で水はけもいいですよね。

新堂　キャンプサイトの造成では、まずは掘って、そこに大きめの砂利を入れ、一度薄く山砂を挟んで、最後にビリっていう小砂利を乗せて、水はけをよくしたんだよね。テントが泥でぐちゃぐちゃになって帰ってほしくなかったのと、普通の靴で来ても汚れないようにしたくて。

――そういう細かな気遣いや優しさが新堂さんの人柄を表しているし、そこに惹かれて常連さんが集まるんだと思います。実際、あぶくまは常連さんが多いですよね？

新堂　あんまりそういうの意識してないんだよね。だって、お子さんが育って来なくなったお客さんを「あの人、急に来なくなっちゃったな」って思うのもつらいじゃない。100回以上来てくれる人もいるけど、あまり深く親しくしないようには心掛けてる。昔からキャンプサイトで飲み食いするのはやめようって考えてるし。だって夜は懐中電灯を持って注意する側の立場だから。

――オーナーによって意見が分かれるところかもしれないですね。新堂さんはお客さんと適度に距離を取るけど、

逆に常連さんと親しく接するオーナーもいるでしょうし。どちらにせよ一長一短がありそうですよね。あぶくまはずっと家族経営だと思いますけど、家族経営のいいところや難しいところを教えてください。

新堂　いいところは、安心感だよね。僕だけじゃなく家族みんながお客さんに対して気持ちよく帰ってもらいたいと思っている。しかめ面して帰られるのが一番つらいじゃない。みんなが自然と同じ方向を向いているということか、意思疎通は家族のほうがやりやすいから。社員になると反発とかもあるだろうし、なかなか簡単にはいかないじゃない。ただ、喧嘩をすると大変だよ（笑）。もちろん事業を伸ばすために人を雇って、土地を広げてっていう考え方もあるけど、キャンプ場ってそこまでしてやる商売なのかなって思うこともある。

――大きすぎると目が届かなくなりますもんね。

新堂　自分たちでできる範囲でやろうって考えて20年以上経った。手近なところにトイレがあったり、水場があったり、遊び場があったりする環境を目指してね。それも1日じゃ作れないから、ちょっとずつお客さんの要望を聞いたり、書き込みを確認したりして。自然の場所だから、その恩恵を享受してほしいし、自然のものをうまく使って調和するようにはしている。お金を出して用意すればそれで済むかもしれないけど、ちょっと違うかなって。

――一気に作り上げるのではなく、そうやって少しずつ足されていくと訪れるたびに変化があるから、キャンパーも楽しいし、そこに新堂さんの味が出ているんでしょうね。オープンから25年以上が経った今、あぶくまを自己採点すると100点満点で何点ですか？

新堂　僕は120点だと思う。娘たちは「まだまだ」って言うけどね（笑）。

冬期休業期間などを使って、新設のキャンプサイトの造成中。できることはすべて自分たちでやる。

インタビューを終えて

数々の失敗のすべてが理想の礎になっている

1990年代のオートキャンプブームはキャンパーの増加とともに、キャンプ場も日本全国で増えた時期。新堂さんもその当時にキャンプ場を立ち上げたひとりだったが、キャンプ場を作る人の大半は、地主や建設関係者など、キャンプ場をやるにあたってのアドバンテージがあるケースが多かった。そんな中、新堂さんは何の後ろ盾もなく挑戦。たくさんの失敗や苦労を経験しながらも諦めずに、理想のキャンプ場を日々アップデートしながら目指すその姿勢と人柄に惹かれて、多くのキャンパーがリピートするのだろうと感じた。

Work's File №024

大規模公営キャンプ場スタッフ

充実の設備と運営体制でキャンパーをお出迎え

Data

年収(業界相場):※本書調べ
300〜600万円 (自治体などの昇給制度による)

主な取引先:
広告代理店/出版社/旅行会社/自治体/建設会社 など

生かせる経験:
サービス業/旅行業/建設業 飲食業/公務員 など

おもな仕事内容

『公営キャンプ場スタッフの仕事内容は、民間キャンプ場の業務同様に、チェックイン・アウトの対応、レンタル品の準備、予約管理、イベント企画など。公営キャンプ場の場合、自治体へ運営報告や修繕などに伴う申請書類の作成などの仕事もある。』

Analysis 必要な資質・技量

- ☑ 接客向きのオープンな性格
- ☑ イベントを成功させる行動力
- ☑ 変化に敏感な感覚

自ら仕事を作り出し それを楽しむ姿勢を極める

多くの大規模な公営のキャンプ場は、スタッフ数・施設ともに充実しており、役割分担もしっかりしている。そんな現場で重宝されるのは、自分の役割をこなしたうえで、能動的にアクションをして仕事を作り出し、それを楽しめるようなポジティブな人だろう。

Symbolic Person

No 024

大規模公営キャンプ場スタッフ

田中啓太さんに詳しく聞いてきた！

Profile

三重県いなべ市にある青川峡キャンピングパークの従業員。リラクゼーション施設、メガネ店での勤務を経て、キャンプ場へ。スパイスカレー好きが高じて、キャンプイベントのカレー王決定戦で優勝するほどの実力者。二児の父でキャンプ好き。

人と人とが繋がることで、面白いことが起こるから

――田中さんが働いている青川峡キャンピングパーク（以下、青川峡）は今年でオープンから19年目を迎えますね。田中さん自身は、こちらで働いて何年目ですか？

田中　14年目です。青川峡は、一般財団法人ほくせいふれあい財団という団体がいなべ市から指定管理を受けて運営しているんですが、前職を辞めて転職活動をしている時に、いなべ市の広報誌で青川峡の求人情報を見つけて興味を持ったんです。もともと接客が好きだったのと、趣味でクラブイベントを企画していた経験もあり、アウ

ソロ・デュオキャンパー限定のイベント『ソロキャンジャンボリー』でマイクを握る田中さん。

トドアに関わるのも楽しそうだなって思って入社しました。

佐久間　民間100%ではないキャンプ場なんですよね。以前、僕もキャンプ場の運営受託を目指したことがあったのですが、自由度がなくて断念したんです。自治体や運営団体によっても多少違うんでしょうね。

田中　同じ指定管理を受けている他のキャンプ場さんから話を聞くと、青川峡はやや特殊な部分があるみたいです。指定管理の委託費や運営費などは受けていない独立採算なので多少自由度が高い部分があるのかもしれませんね。運営スタッフは、7名の職員が中心です。そこに月1~2回出勤のアルバイトも加えると、総勢30名ほどになります。

――民間に比べると多いですね。田中さんが感じるキャンプ場で働くことの魅力ってなんですか?

田中　月並みですがお客さんの「楽しかった」「よかった」っていう言葉です。お客さんが実際に楽しんでいる様子を見るのもやりがいに繋がります。決してジロジロ見るわけじゃないけど、ホテルなどと違ってキャンプサイトで過ごしている雰囲気はスタッフに伝わりますから。時にはお客さんからの厳しい意見もありますけど、そういう空間で働けるのはありがたいですよね。リピートしてくれるお客さんが多いのも、喜んでもらえているのかなって思いますね。ただ、私もキャンプ好きだからもちろん仕事は楽しいですけど、キャンプ場のスタッフは意外とプライベートでキャンプに行けないんですよ。土日は基本、出勤ですし。

――以前キャンプ場のオーナーから「キャンプ好きなら

キャンプ場で働かないほうがいいよ」と言われたことがありますね（笑）。

田中　確かにそれはあるかもしれないですね。

――キャンプをするのが好きなのと、キャンプの雰囲気が好きなのは別ですからね。思うに、キャンプ場のスタッフって「フィールドのプロ」であって「キャンプのプロ」じゃないんですよね。例えば気候の変化など、素早く危険を察知してお客さんに助言したり、キャンプを楽しんでもらうためにサポートするのがスタッフの仕事なのかなって。それこそイベントは、キャンプを楽しんでもらうための仕掛けですよね。田中さんはいろんな企画を実施されてますが、働くうえで大切にしていることはなんですか？

田中　まずは、開催する自分たちも楽しめるイベントにするのが大前提です。たとえお客さんが求めているイベントだとしても、自分たちが面白いと思わないならやらないほうがいいと思ってます。

――その空気感ってお客さんにも伝わりますもんね。

田中　だから出展してくれるメーカーやイベントのゲストにもしっかり楽しんでもらいたいので事前連絡できちんと意図を伝えます。イベントコンセプトに賛同してくれたお客さんが来てくれるということは、みんなの気持ちはすでに繋がっているんです。だから、僕らも含めて全員で一丸となってイベントを盛り上げたいんです。ちなみに過去のイベント企画の経験から言うと、イベントは段取りが8割だと思ってます。

——そうか。趣味のイベント企画の経験がここで生かされているんですね。

田中　僕は昔からいろんな人を巻き込んで何かしたい性格なのかなって思います。青川峡は、メディアで取り上げていただくことも多いですが、まだまだ知らない人はたくさんいます。関東からゲストやメディア関係者を呼ぶのはかなりエネルギーが必要なんですけど、そうやってみんなを巻き込んでお客さんも含めて、一緒に楽しいことをしたい。

——その熱量がイベントの空気感を作るんですよね。だ

から僕らもここに集まりたいと思うんですよ。

田中　ただ、僕ばっかりが表に出るのは、避けたいと思ってます。あくまで青川峡キャンピングパークとして、それをやっていきたい。この環境はすごく恵まれていて、僕が比較的自由にイベントを企画させてもらえるのも、キャンプ場としてのベースがしっかりしているからだと思います。僕は、キャンプもキャンプ業界の皆さんももちろん好きですけど、青川峡をよくしていきたいっていう思いでずっと続けてきました。青川峡がきっかけで出会って、僕らスタッフを介さなくても業界関係者が繋がって何か企画が立ち上がるとか、そういうのを見るのが本当に嬉しいんです。これからも「人」と「人」が繋がって、何か面白いことが生まれる、そんな場所にしていきたいです。

業界関係者に大人気の田中さんの特製スパイスカレー。いなべ市のイベントでカレー教室を行うほどの腕前。

インタビューを終えて

周りを巻き込んだ最高のイベントを期待

出会いを大切に人と人を繋げ、イベントを年に何度も企画する田中さん。メーカーやゲスト、スタッフみんなを巻き込んでお客さんとともに自分たちも楽しむ。それこそが楽しいイベントの理想形。田中さんを支え、一緒に盛り上げる他のスタッフもいつも楽しそうで関係のよさがうかがえる。青川峡でのイベントに参加すると、お祭りや文化祭を楽しんでいるような気持ちになる。いろんな人を巻き込んでその日限りのキャンプイベントを作り上げる。キャンプ場でのイベント企画の仕事、楽しいだろうなあ。

Work's File No 025

小規模クローズドキャンプ場 オーナー

付加価値を高めて唯一無二の存在に

Data

年収(業界相場):※本書調べ

200〜600万円

主な取引先:

広告代理店／出版社／テレビ局／アウトドアメーカー／自治体 など

生かせる経験:

サービス業／小売業／出版業／飲食業／広告業 など

Analysis 必要な資質・技量

- ☑ 旺盛なサービス精神
- ☑ 会話を楽しむ気持ち
- ☑ コミュニティ運営への関心と意欲

おもな仕事内容

『通常のキャンプ場と同様、フィールドの手入れや予約管理を行いつつ、訪れたお客さんのニーズに沿った手厚いサービスを展開。メディア向けに撮影場所として貸し出したり、月額利用での会員制にしたりと、既存のキャンプ場とは異なる業務形態で運用。』

独自のコンセプトを明確にし粘り強くアピールする

繁盛している小規模のクローズドキャンプ場の多くは、「キャンプ初心者向け」や「月額会員制」「ブッシュクラフト用」など、コンセプトがはっきりしていて、その考えに共感したキャンパーが集う場になっている。地域性や自分の強みを生かし、自らニーズを掘り起こす根気が必要。

Symbolic Person

No 025

小規模クローズドキャンプ場オーナー

野あそび夫婦さんに詳しく聞いてきた！

Profile

夫：青木達也（アオ）
妻：江梨子（エリー）
“自然の中で遊ぶように暮らす”を人生の目標に、埼玉県ときがわ町に移住した夫婦。キャンプを始めたい人向けに、テントの設営や道具の使い方などの講習やイベントを行うフィールド・NONIWAを運営。夫婦ともにキャンプインストラクターの資格を持つ。

夫婦、キャンプ、地域。今ある条件から考えるスタイル

――従来のキャンプ場経営は、50〜60のキャンプサイトを用意して不特定多数のお客さんをターゲットにするのがセオリーだったけど、NONIWAは、基本的にはイベントとかで一度顔を合わせた人しか使えない。そういう意味ではかなりクローズドだよね。しかも夫婦で移住して小規模のキャンプ場をやるって大胆な決断だったと思うんだけど、どんな経緯で始めたのかな？

エリー　私たちはもともと東京に住んでいて「仕事・暮らし・遊び」が一緒になったらいいなって考えていたん

だよね。それで夫婦で一緒にできる仕事を探していたんだけど、ある日、プライベートで友だちにキャンプを教える機会があって。その帰り道に「キャンプをこれから始めたい人に、キャンプを教えることが仕事になったらいいよね」って2人で話していたのが、ここの始まり。お客さんを絞らせてもらっているのは、私たちの住居の庭がキャンプサイトで、母屋も共有スペースになっているからなんだよね。

――この土地は、どうやって見つけたの?

アオ　物件探しって本当に難しくて、会社員をしながらゆるく探していた期間も含めると2年くらいかかった。僕らは情報収集の効率を上げるために地域を限定して、週に2回、曜日を決めて必ず不動産のWEBサイトをチェックしたり、この町のイベントに何度も参加して名刺を配ったりしていたよ。結局はSNSで発信していたおかげで、この「ときがわ町」に決まったんだよね。

エリー　ここを借りる前にすでに活動していたことで、貸主さんに私たちの本気度が伝わったみたい。

――定期的に初心者向けキャンプ講習を開催している他に、メディア向けの撮影場所としても貸しているんだよね。

エリー　夫婦で話をして「こういうのやりたいよね」って言っていたアイデアが結果的にうまくいっているかな。でも、ここがなかったら野あそび夫婦としての活動は続いてなかったかもしれない。自分たちの場所があると、みんなが来てくれて、そこから縁が生まれて。この場所の利用だけじゃなくて、メディア出演など夫婦の仕事にも繋がっているから。

母屋のリビングにディスプレイされたキャンプ道具は、貸し出し可。手ぶらでキャンプが楽しめる。

アオ　今ある条件から自分たちに何ができるかを考えているかな。「夫婦でやる＝安心感がある」から初心者にぴったり、とか。ときがわ町は都心から1時間程度だから撮影にちょうどいいですよ、とか。

──規模が小さいがゆえに、その土地が持つ条件を強みに変える必要があるよね。2人は地域にもうまく溶け込んでいるけど、そのあたりも大事なところ？

アオ　実際に自分たちの場所を持って地域社会の中に入ってみたら、エリア全体の活性化やこの土地で役に立てることについて考えられるようになったかも。

エリー　自然しかない状況で「どうする？」っていうのがスタートだから、必然的に地域の特徴を考えるよね。

アオ　ときがわ町って木の町なんだよね。だからトランギアのメスティンに入るサイズのまな板を、この町の木で制作して販売したんだけど、その地域が持っているものとキャンプを掛け合わせたことはよかったと思う。当たり前だけど、地域の人は「キャンパー視点」がないからさ。そこは僕らが新風を吹かせられる部分。もともと

地域を盛り上げたいっていう思いも僕らは持っていたから、夫婦の仕事としての「キャンプ」と、地域の町おこしがうまく合致した感じはあるね。

——でも、それで生活していけるのか？　っていうのも気になるところ。初心者向けのイベントや撮影の貸し出し、物販とかいろんなことに挑戦しているみたいだけど。

アオ　仕事の割合は月によってまちまちだけど、宿泊利用が5割くらいで、自分たちが出る側になることも含めた撮影系の仕事が3〜4割くらい。あとはオリジナルアイテムの売り上げだね。キャンプ場としての仕事だけだとちょっとつらいかな。土日の稼働だけじゃ売り上げは伸びないし、悪天候時やオフシーズンに稼働率が落ちることも想定しないといけない。その辺りをカバーするためにも、地域でできる仕事などをもっと増やさないといけないと思ってる。

——「キャンプ」と「夫婦」、それに「地域」を上手に組み合わせていくことが鍵になりそうだね。

エリー　キャンプをやってなかったら今のような生活

はできなかっただろうし、キャンプは私たち夫婦にとって本当に大きな存在なの。キャンプ場で働いてるのに、休日にはノリノリでプライベートキャンプに出掛けちゃうくらい（笑）。それにキャンプの形に正解はないと思ってるから、まだまだやれることはたくさんあるんじゃないかな。

――そうだね。遊び方も働き方も、いくらでも考えられそう。

アオ　自分たちの理想の未来としては、キャンプがみんなにとってもっとベーシックな存在になってほしいと思っている。だから今以上にナチュラルにキャンプを楽しめる環境を作りたい。そのためにキャンプの始め方、楽しみ方をわかりやすく、丁寧に伝え続ける存在になりたいよね。

手作業で作った看板。フィールドの草刈りなども含め、ボランティアメンバーで一緒に作り上げた。

インタビューを終えて

とにかく居心地のいい田舎の実家のような場所

NONIWAにたくさんの人が集まるのはなぜだろう。アオくんとエリーちゃんが、「夫婦」「地域密着」「キャンプブーム」といったキーワードを重ね合わせながら、今ある条件で何ができるのかを一生懸命考えているのが理由のひとつなのは間違いない。ただそれ以上に、2人が常に醸し出している「ウェルカム」な空気感が、多くの人を惹きつけてやまないのだとも思う。NONIWAに足を運ぶといつも「おかえりなさい」と声を掛けられたような温かい気持ちになる。ひとりでも多くの人とこの気持ちを共有したい。

キャンプ業界の未来を開拓する人々

COLUMN 4

持続可能な地域産業を目指す。きたもっくの壮大なる野望

「北軽井沢スウィートグラス」を運営する有限会社きたもっくが、地域の山林を活用した事業を構築中。その事業は、全国のキャンプ場や地方創生のモデルとなる可能性を秘めている。

標高１１００ｍ、冬の気温はマイナス20度になる酷寒の地、群馬県北軽井沢。およそ７００年の周期で噴火する浅間山の麓という過酷な自然環境下のこの場所に、数多くの同業者から視察を受けるキャンプ場「北軽井沢スウィートグラス」がある。運営するのは、有限会社きたもっく。キャンプ場の他、薪ストーブ事業や山の木々を使った地域資源活用事業、養蜂事業など、地域の自然素材を最大限に活用したプロジェクトを展開している。一昨年の２０１９年、同キャンプ場は開業25周年を迎えた。

「子どものころに訪れた人が、今度は自分で家庭を築いてここにまた遊びに来てくれた。僕たちは家族を継いでゆくお手伝いをしていたんだと思う」。

ファミリー層の利用客が多く、リピート率も非常に高かったその25年間を、社長の福嶋さんは「家族の再生の場」だったと振り返った。そして現在、きたもっくは「未来は自然の中にある」を合い言葉に、次なるステップへと歩み始めている。世の中は加速度的に変化し続け、家族の形も変われば、ビジネスの捉え方や価値観も移ろい続けている。そんな状況下で、人と自然の関わりの視点から、あらゆることにきたもっく流のフィルターをかけ直していく。それが、これからの25年間を形作る礎となるのだと福嶋さんは言う。第一歩となるのは、焚き火を使った事業の『タキビバ』だ。

「家族の再生の次なる目標は、企業や集団、組織の再生なんだ。具体的には『タキビ

バ』という、焚き火の力を借りて組織を再生する場所を作る予定。キャンプ場で家族再生のシーンをたくさん作ってきた我々ならできる。そう断言するよ」。

人々が焚き火を囲むシーンを思い浮かべてほしい。真ん中に火があると人と人は対面や真正面で向き合う時と違う、素直で率直な関係が生まれる。このディスタンスこそが、焚き火の重要なポイントだ。火を囲むことで上司、部下という上下の関係やヒエラルキーは薄くなり、並列、横の関係になる。そこにいる人たちは揺らめく炎を眺め、〝同じ方向を見る〟感覚を抱く。組織にとって従業員が同じ方向を見ている感覚は重要で、そうした焚き火の効用こそが企業を再生する原動力になると、福嶋さんはにらんでいる。しかも『タキビバ』が目指すのは、場の提供だけにとどまらない。

「『タキビバ』で用いるエネルギーは、基本的に地域バイオマスの薪エネルギーに統合していく予定なんだ。我々の今までの取り組みから、35㎞圏内であれば灯油より薪のほうがカロリーベースで10%くらい費用を抑えられることがわかって、それで事業を組み立てる道筋が見えた。地域の山の資源を使い、それをキャンプ場や『タキビバ』で消費する。この循環構造モデルが全国に広がっていくと、日本の林業や地域さえも再生されていくだろうね」。

森林に恵まれた国土を持つ、日本。多くの地域に当たり前にある森林をエネルギー資源と捉え、それを活用することで企業再生の場としての焚き火、キャンプ場に付加価値さえ与えていく。ここまで先進的に地域資源を活用するキャンプ場は、僕が日本全国を旅した中でも類を見ない。もっとも『タキビバ』は動き出したばかりで、その

PROFILE

福嶋 誠

有限会社きたもっく 代表取締役社長

東京で経営していたデザイン・印刷会社を譲り、生まれ育った北軽井沢へ戻る。東日本有数のキャンプ場「北軽井沢スウィートグラス」や薪ストーブ事業、養蜂事業など、地域資源を活用したプロジェクトを多数手掛ける。著書に『未来は自然の中にある』。

実現にはもう少し時間がかかるだろう。だが、現状のキャンプ場でも今すぐにできることはあると、福嶋さんは言う。

「キャンプ場では必ず薪の需要があるわけでしょう？　我々のように自前の山を持たずとも、原木を集める場所を確保し、間伐材を利活用する仕組みさえ作れれば、すぐに始められるはず」。

福嶋さんは森林の価値化を進めることで、山や林業を再生する糸口を本気で見つけ出そうとしている。そしてこうした取り組みに林業や行政関係者はすでに注目し始めているとも、福嶋さんは言う。『タキビバ』が成功したその時、衰退しつつある林業や製材業をカバーすることが、アウトドア業界やキャンプ場の役割のひとつになっているのかもしれない。

キャンプ場の未来について考えることは、地域や自然との関わり合いを見つめ直すことでもある。「未来は自然の中にある」というきたもっくの合い言葉を今一度思い返そう。キャンプ場の、地域の、日本のアウトドアの未来は、自然にこそ眠っているのかもしれない。

持続可能な地域産業を目指す。
きたもっくの壮大なる野望

第(5)章 ハイパーキャンプクリエイターズ編

ハイパーキャンプクリエイターズとは?

キャンプをこよなく愛し、キャンプを仕事にするために脱サラした２人組。日本一周キャンプ旅を2014～2015年に敢行。キャンプ初心者向け情報ブログは、月間最高80万PVに達した。

Hyper Camp Creators — CROSS TALK

ハイパーキャンプクリエイターズ対談

夢と現実の狭間に立った今、僕たちが思うこと

「脱サラをしてキャンプを仕事にする」。夢のために走り出した2人組が赤裸々に綴る、下積み時代のこと、仕事のこと。小さな一歩を積み重ね、夢が現実味を帯び始めた今、思うこととは?

右）**佐久間亮介**
Ryosuke Sakuma

左）**山口健壱**（ヤマケン）
Kenichi Yamaguchi

キャンプを仕事にするチャンスは全員にある

山口　2014年3月に「キャンプでメシを食いたい」と思って会社員を辞めてからもう7年が経つけれど、佐久間も念願叶ってキャンプを仕事にして、なんならこの書籍を出版するまでになった。「キャンプを仕事にする」といってもいろんな仕事があることはこの本でわかったけど、佐久間自身は今どんな仕事をしているの?

佐久間　今は、ライターやキャンプ教室の講師、モデル、テレビや動画のキャンプシーンのコーディネート、コラボテントのデザイン、地方自治体のイベント運営協力とか、いろいろとやらせてもらっているかな。

山口　それだけの仕事がよくできるよね。この本に出ている人もそうだけど、一般的にはひとつの職業につき、1業種じゃん。

佐久間　ひとつの職業を極めて仕事をしている人もいれば、複数の仕事を掛け持ちしている人もたくさんいる。例えば、この本ではイラストレーターとして紹介しているこいしさんも、テンマクデザインでテントのデザインをしているし、キャンプシーンのコーディネートの仕事もされている。フードスタイリストの風森さんも料理関連の仕事をしつつ、デザインの仕事もやっている。多才な人が多いよね、フリーランスの人は。僕は無我夢中で必死にやってようやく今の場所まで辿り着けたけど。

山口　必死にやってきたっていうのは?

佐久間　何か仕事の依頼をもらった時、基本的には自分の能力の範囲外でない限り、「やります！　できま

キャンプを描くイラストレーターとして活躍中のヤマケンだが、最終目標は自分たちのキャンプ場を持つこと。

す！」って答えてからやる方法を考えてた。もちろん依頼主に迷惑をかけない範囲内でのことだけど、そうやって必死になって挑戦して仕事の幅を広げてきた。周りのフリーランスの人からも似た話を聞くから、フリーランスで生きるうえでは大切なことなのかも。

山口　なるほどなぁ。確かに佐久間は、旅をしている時から、誘いがあったら基本的には断らなかったよね。それに、とにかく行動力がすごいなって思ったんだよ。ひとつ印象的なエピソードがあって。僕たちが日本一周キャンプ旅で東日本の旅を終えて西へ向かっていたんだよね。その時は岐阜にいたんだけど、佐久間が「栃木でイベントがあるからそこに行こう」って言うから僕は「え？」って頭の中ではてなマークが飛び交った。だって西へ向かっているのに、なぜ栃木に戻るのか。

佐久間　自由奔放でごめんね（笑）。その頃は、とにかく顔を覚えてもらうために必死だったんだよ。だからイベントにはなるべく顔を出したかったんだよね。これは営業マンとしての経験があったからかもしれない。やっぱりフリーランスって人と人の繋がりで仕事が生まれるから。

山口　その点、僕は避けがちだったな、とちょっと反省するところもある。お酒の席でも佐久間はなるべく最後まで残ってたし、イベント終わりも挨拶を必ずしてた。僕も最近イラストレーターとして仕事をさせてもらう中で、人との繋がりは大切だよなって、心から思う。

佐久間　当時は種まきをしている感覚だったかもしれない。実際、ガレージテントでコラボさせてもらったテンマクデザインの根本さんと会ったのもイベントだったし、

自身が過労で体調を崩した時にキャンプに救われたことで、「キャンプをもっと広めたい」と今の生活を志した。

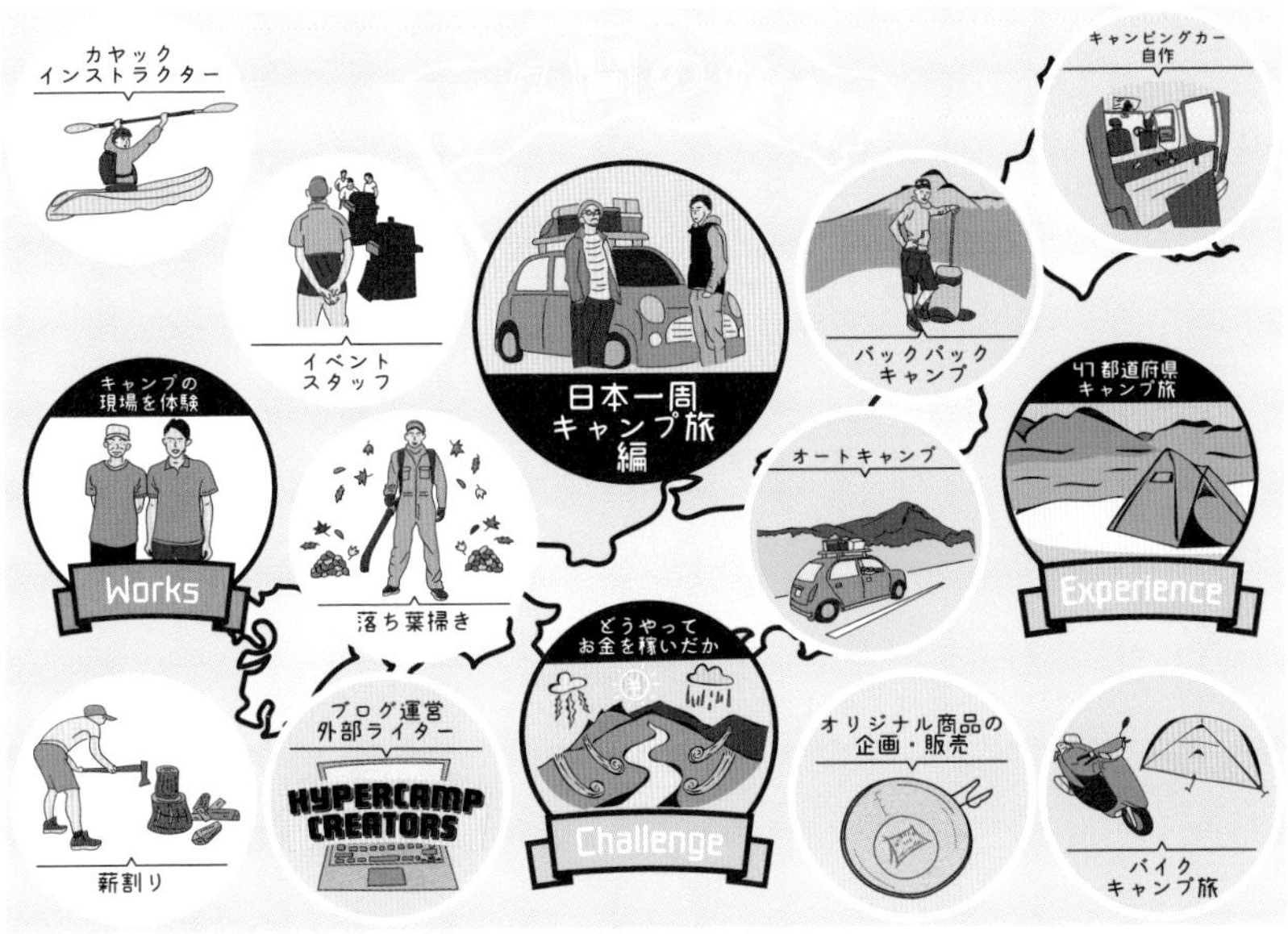

僕らのシェラカップの生産をしてくれているユニフレームさんとの関係も、2014年の旅の最初に僕から連絡をしたところから始まっている。種まきをしたものすべてが花を咲かせたわけではないけど、今の仕事に繋がっていることは間違いない。そして何より日本一周キャンプ旅は、いろんな意味で僕らにとって大切な時間だったよね。人に会うのもそうだし、キャンプ場でアルバイトをしたのもそう。まだまだ遊び足りないけど、全国でキャンプやアクティビティをした経験は、アウトドアを伝える人間としての基礎になったと思う。

山口　下積みだったよなぁ。でもさ、最近のキャンプブームでいろんな人がキャンプに参入してきているじゃん。1〜2年で成果を出している人もいたり、ちょっと眉唾な人もいたりする状況を、佐久間はどう思う？

佐久間　正直、困惑している（苦笑）。でも、それだけキャンプが広がっている証だから、きっといいことなんだよ。駆け出しの頃の僕らも邪険に扱われることがたくさんあったけど、ヤマケンが言ってるのと同じように思われてたんじゃないかな。でも、僕たちは「キャンプをもっとたくさんの人に楽しんでもらいたい」って信念を持ってやり続けて今、ここにいる。正直、世の中が変わっていくことに恐怖心はあるし、僕たちも最後まで生き残るために変化し続けないといけない。最終的には、残った人が「本物」だと思うから。

山口　僕らも最初は「名もなきひとりのキャンパー」だったけど、続けたからここにいる。

佐久間　今は広がるスピードが早いし、ＹｏｕＴｕｂｅ、インスタグラム、ブログと、手段もたくさんある。僕らはブログを起点に仕事の幅を広げたけど、手段に限らず、例えばウルトラライトとか料理とか、そういうジャンルでも頭ひとつ飛び抜けられれば、その先にキャンプの世界での仕事が待っているんじゃないかな。

山口　なるほどね。そう考えるとこの本に出てきている人、特にフリーランスの人たちは、一点突破で突き抜けてきた人たちなのか。

佐久間　そうだろうね。でも、フリーランスじゃなくて

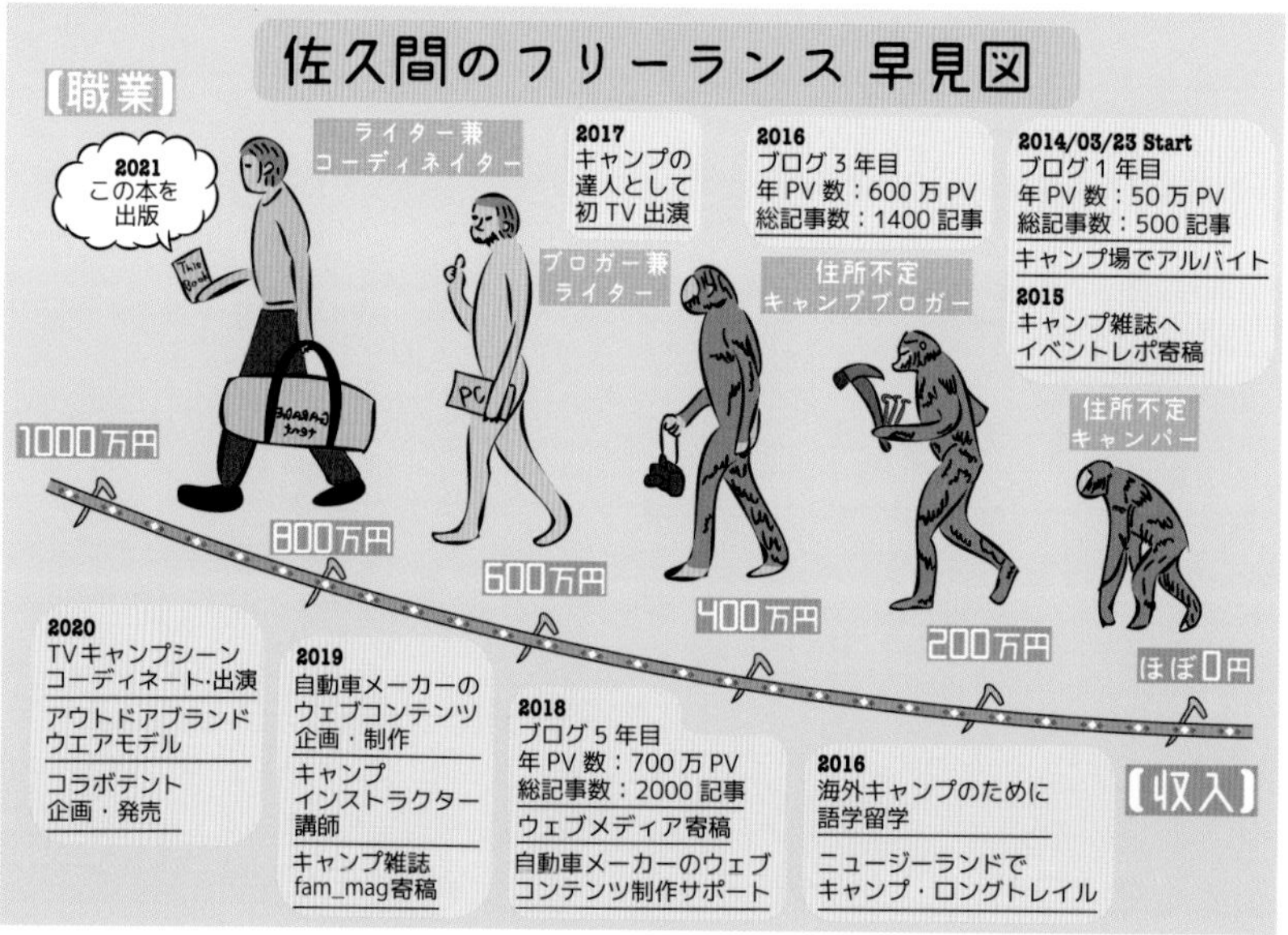

も、メーカーやキャンプ場、ショップなどでキャンプの仕事に就くことはできる。それはこの本で伝えたかったこと。フリーランスに憧れる人も多いだろうけど、フリーランスは本当に不安定で、ボーナスも有給休暇もない。無理に目指す必要はないと思ってるよ。

山口　佐久間がフリーランスとして「キャンプでメシが食えているな」って実感したタイミングって？

佐久間　2018年から2019年にかけてかな。キャンプブームで仕事の依頼と同時に収入が増えたのが大きいよね。それに、仕事の内容が少しずつ変わってきた。当初はブログの広告収入やWEBメディアでのライティングといった少人数で完結する仕事がほとんどだったけど、2018年くらいからは、自分がキャンプを軸に何かを企画する側になれた。WEBサイトを作ったり、イベントを企画したり、周囲のクリエイターさんと一緒に仕事ができるようになってきたのも嬉しかった。自分が「キャンプ」を軸に企画する側に回って、いろんな人を巻き込んで仕事ができるようになり「キャンプを仕事にしているな」って実感が湧いたね。

山口　先日「やっと同年代でキャンプの仕事ができるようになった」って嬉しそうに話してたもんね。最後に、キャンプを仕事にする夢を叶えた今、何を思う？

佐久間　幸せだよ、本当に。会社員を辞めて、この世界に飛び込んで、うまくいかないこともたくさんあったし、挫折もした。苦しかったこともたくさんある。でも、最初に自分たちが望んでいた「キャンプがもっと身近にある世界」になりつつある。それに、大好きなキャンプの魅力を、自分がデザインしたテントやイベント、そしてこの本を通して伝え、それが喜びの連鎖になる仕事って、本当に尊いと思う。でも、「キャンプを仕事にすること」は、僕じゃなきゃできないとは思わないんだよ。だから、この気持ちを共有できる仲間がもっと増えてほしい。それが実現すれば、きっとそれは、キャンプが今よりも広がった世界になっているってことだから。

おわりに

最後に、この本を手に取った「本気でキャンプを仕事にしたい」と考えている人にメッセージを残します。

本書には、キャンプの仕事に就くための確実な手段は載っていません。なぜなら、まだまだ発展途上のキャンプ業界にはその明確な答えはなく、最終的には自分で探し出すしかないからです。とはいえ、キャンプを仕事にするための〝ヒント〟はたくさん散りばめたつもりです。ぜひ、そのヒントの中から何かを汲み取り、自分で道を切り拓いてみてください。

キャンプの世界に足を踏み入れて、僕の人生は変わりました。もちろん楽な道ではなかったけど、後悔はしていません。これからもキャンプを通して、誰かを幸せにできる仕事をしていきたいし、そんな気持ちや思いを共有できる仲間が増えてくれたら嬉しいです。

改めて、この本のインタビュー取材を快諾してくれた、キャンプ業界の最前線にいる皆様に感謝申し上げます。取材時に皆様の表情や言葉から滲み出ていたキャンプへの深い愛情は、約7年前のあの日以来、僕が抱き続けているそれと同じものであり、軌を一にする頼もしい先輩方、仲間たちの存在は、日々の仕事の合間を縫って原稿を書き上げるための原動力になりました。

本書の担当編集さん、デザイナーさん、イラストを描いてくれたちぐちゃん、第5章で対談をしてくれたヤマケン、インタビューを書き起こしてくれたみきちゃん、本当にありがとうございました。皆さんの協力なくしてこの本は完成しませんでした。

この本によって、キャンパーの皆さんの色鮮やかなキャンプライフに新たな彩りを加えることができたなら、著者として、キャンプを仕事にしている人間として、それに勝る喜びはありません。

佐久間亮介
Ryosuke Sakuma

佐久間亮介
Ryosuke Sakuma

1990年東京都生まれ。大学卒業後、会社員を経てキャンプを仕事にするために独立。自身で立ち上げた初心者向けキャンプブログは、月間最高80万PVを達成。現在は、ライター、コーディネーター、モデル、イベント企画・運営、講師など、キャンプにまつわる様々な業務を請け負う。2020年12月、テンマクデザインより自身がデザインしたテント「ガレージテント」をリリース。

遊びが仕事で癒やしがボーナス

キャンプ職業案内

I want to work at job related to camping!

2021年4月5日　第1刷発行
2021年4月20日　第2刷発行

発行人　塩見正孝
著者　佐久間亮介
発行所　株式会社三才ブックス

〒101-0041
東京都千代田区神田須田町2-6-5 OS'85ビル
TEL:03-3255-7995(代表)
FAX:03-5298-3520

デザイン　山本祥成(樹山本)
イラスト　関根千種／山口健壱(p187、p188)
DTP　山本和香奈

印刷・製本　図書印刷株式会社

ISBN978-4-86673-259-6　C2075